【危機管理検定】

企業危機・コンプライアンス管理士認定試験

公式精選問題集

Corporate Crisis and Compliance Manager

JN085539

一般財団法人　全日本情報学習振興協会

企業危機・コンプライアンス管理士認定試験 公式精選問題集

目 次

■企業危機・コンプライアンス管理士認定試験 試験概要

■企業危機・コンプライアンス管理士認定試験 出題項目

企業危機・コンプライアンス管理士認定試験　試験概要

問題数	第1課題～第6課題まで　合計 80 問
合否について	70%以上の得点を取得した場合に合格となります。
制限時間	120 分
受験料	11,000 円（税込）

【申込方法】

インターネットでお申込みの場合は下記アドレスよりお申し込みください。

http://www.joho-gakushu.or.jp/web-entry/siken/

郵送でお申込の場合は、下記までお問合せ下さい。

お問合せ先

一般財団法人　全日本情報学習振興協会

東京都千代田区神田三崎町 3-7-12　清話会ビル 5F

TEL：03-5276-0030

http://www.joho-gakushu.or.jp/

企業危機・コンプライアンス管理士認定試験 出題項目

第1課題　企業の社会的責任	第5課題　企業危機各論
1. CSRとは	1. 内部告発への対応
2. コンプライアンス	2. 苦情・クレームへの対応
3. 内部統制とガバナンス	3. うわさと風評
第2課題　リスクと危機	4. 不正会計
1. リスクと危機の概念	5. 特別背任
2. リスクマネジメントの必要性	6. 業務上過失致死傷
3. リスク対応	7. 情報漏えい
4. 全社的リスクマネジメント	8. 従業員・アルバイトによる犯罪行為等
第3課題　危機管理の構築	9. 不当表示
1. 危機管理体制の整備	10. セクハラ・パワハラ
2. 危機管理委員会	11. 過労死
3. 内部通報・内部告発	12. 反社会的勢力との関係
4. 危機管理マニュアルの策定	13. 製品・食品事故
5. トレーニング	14. 知的財産権
第4課題　危機管理広報	**第6課題　自然災害と危機管理**
1. 緊急対策本部	1. 災害とリスクマネジメント
2. 広報と情報開示	2. 事業継続管理と事業継続計画
3. マスコミ対応と記者会見	3. 災害マニュアル
4. 内部調査委員会	4. 災害後の復旧対策
5. 第三者委員会	
6. 広告への危機管理と対応	
7. リコール社告	
8. SNS・インターネットへの危機管理と対応	

※試験要項、出題数・形式、課題内容は変更となる場合があります。

・本書中で略記した指針および法令名は下記の通り。

パワハラ指針（事業主が職場における優越的な関係を背景とした言動に起因する問題に関して雇用管理上講ずべき措置等についての指針）

セクハラ指針（事業主が職場における性的な言動に起因する問題に関して雇用管理上講ずべき措置等についての指針）

マタハラ指針（事業主が職場における妊娠、出産等に関する言動に起因する問題に関して雇用管理上講ずべき措置等についての指針）

育児・介護休業法（育児休業、介護休業等育児又は家族介護を行う労働者の福祉に関する法律）

男女雇用機会均等法（雇用の分野における男女の均等な機会及び待遇の確保等に関する法律）

労働者派遣法（労働者派遣事業の適正な運営の確保及び派遣労働者の保護等に関する法律）

働き方改革関連法（働き方改革を推進するための関係法律の整備に関する法律）

労働施策総合推進法（労働施策の総合的な推進並びに労働者の雇用の安定及び職業生活の充実等に関する法律）

プロバイダ責任制限法（特定電気通信役務提供者の損害賠償責任の制限及び発信者情報の開示に関する法律）

景品表示法（不当景品類及び不当表示防止法）

個人情報保護法（個人情報の保護に関する法律）

第1課題　企業の社会的責任

問題1．企業の社会的責任（CSR）に関する以下のアからエまでの記述のうち、最も適切ではないものを1つ選びなさい。

ア．CSRとは、企業が社会や環境と共存し、持続可能な成長を図るため、その活動の影響について責任をとる企業行動である。

イ．日本において、CSRは、21世紀初頭に先進国で企業の不祥事が頻発したことをきっかけとして議論され始め、社会貢献活動なども加わって、一般化してきた。

ウ．2010年に、CSRに関する国際規格である「ISO26000」が発行され、企業等の組織を対象とした社会的責任を果たすためのガイダンスが示された。日本ではこのISO26000を普及・拡大させることを目的として、2012年に「JIS Z 26000」が制定された。

エ．CSR は、基本責任・義務責任・支援責任の3つに分類することができるが、このうち義務責任とは、自己利益動機による相互同意型価値交換の推進のことであり、企業活動の根幹であるビジネス取引において、双方が納得し、合意した上での公正な取引を行わなければならないという企業本来の義務を意味する。

解説 CSR

ア 適　切。記述の通り。CSRは、企業を取り巻く様々なステークホルダーからの信頼を得るための企業のあり方を指す。

イ 適　切。記述の通り。CSR の内容は、その後、グローバル化の進展に伴い、経営において経済性・環境重視・社会性の３つの側面のバランスが取れていり企業だけが「持続可能な発展」を許されるというトリプルボトムラインのような考え方も加わり、大きく変化している。

ウ 適　切。記述の通り。2010 年 11 月、社会的責任に関する国際規格である「ISO26000」が発行され、企業をはじめ、地方公共団体、学校、病院、NPO などあらゆる組織を対象とした社会的責任を果たすためのガイダンス（手引き）が示された。日本ではこの ISO26000 を普及・拡大させることを目的に、2012 年 3 月に「JIS Z 26000」が制定され、企業をはじめとするあらゆる組織は、社会を構成する一員として、人権への配慮を中心に、社会的責任に関するさまざまな期待に応えていくことが求められている状況にある。

エ 不適切。CSR は、基本責任・義務責任・支援責任の３つに分類することができるが、このうち基本責任とは、自己利益動機による相互同意型価値交換の推進のことであり、企業活動の根幹であるビジネス取引において、双方が納得し、合意した上での公正な取引を行わなければならないという企業本来の義務を意味する。

正解　エ

問題2. コンプライアンスに関する以下のアからエまでの記述のうち、最も<u>適切ではないもの</u>を1つ選びなさい。

ア. 法律や条例など、企業を取り巻く法的な拘束力を持つルールを守ることは、コンプライアンスの1つである。

イ. 企業の業績を上げるために、年度ごとに策定される売上予算の達成を守ることは、コンプライアンスの1つではない。

ウ. 社会の常識、人として守るべき社会的倫理、企業倫理を守ることは、コンプライアンスの1つではない。

エ. 企業が独自に定めた社内規定、就業規則、業務マニュアルを守ることは、コンプライアンスの1つである。

解説　コンプライアンス

ア　適　切。法律や条例など、企業を取り巻く法的なルールである「法的規範」の遵守は、コンプライアンスの1つである。

イ　適　切。数字上の業績を上げようとして、組織経営の有効性を効率性が過度に上回り、バランスを崩すことは企業存続の危機に陥る要因となるといわれる。企業において売上予算の達成を目指すことは至極正当なことではあるが、コンプライアンスの1つとはいえない。

ウ　不適切。社会の常識、人道的思考に基づく企業倫理に代表される「倫理規範」の遵守は、コンプライアンスの1つである。

エ　適　切。企業固有の社内規定、業務マニュアルなどの「社内規範（行動規範）」の遵守は、コンプライアンスの1つである。

正解　ウ

問題3. 会社法では、一定の要件を満たす会社に対して、「業務の適正を確保するための体制」の整備を求め、内部統制を制度化した。主な内容は、会社法施行規則（100条）で定めているが、その内容に<u>該当しないもの</u>を、以下のアからエまでのち１つ選びなさい。

ア．株式会社の取締役の職務の執行が効率的に行われることを確保するための体制

イ．株式会社の使用人の職務の執行が法令及び定款に適合することを確保するための体制

ウ．株式会社の必要とされる情報を組織内外に対して正しく伝達する体制

エ．株式会社並びにその親会社及び子会社から成る企業集団における業務の適正を確保するための体制

解説　内部統制

　本問は、会社法施行規則において定められている内部統制の理解を問うものである。内部統制とは、企業の不正や不祥事をなくすことにより、企業価値を高めていくのに必要なシステムであり、日本では会社法と金融商品取引法において規定されている。会社法施行規則100条において規定される内部統制の体制は、①取締役等の職務執行に係る情報の保存・管理体制、②損失の危険の管理（リスクマネジメント）、③取締役等の職務執行が効率的に行われることを確保する体制、④使用人の職務執行が法令・定款に適合することを確保するための体制、⑤企業集団の業務の適正の確保に関する体制がある。

ア　該　当。

イ　該　当。

ウ　非該当。

エ　該　当。

正解　ウ

問題4. 金融庁の「財務報告に係る内部統制の評価及び監査の基準」における内部統制に関する以下のアからエまでの記述のうち、最も<u>適切ではないもの</u>を1つ選びなさい。

ア. 内部統制とは、基本的に、業務の有効性及び効率性、財務報告の信頼性、事業活動に関わる法令等の遵守の3つの目的が達成されているとの合理的な保証を得るために、業務に組み込まれ、組織内の全ての者によって遂行されるプロセスをいう。

イ. 内部統制は、統制環境、リスクの評価と対応、統制活動、情報と伝達、モニタリング（監視活動）及びIT（情報技術）への対応の6つの基本的要素から構成される。

ウ. 内部統制の目的を達成するため、経営者は、内部統制の基本的要素が組み込まれたプロセスを整備し、そのプロセスを適切に運用していく必要がある。

エ. 内部統制の整備及び運用状況は、適切に記録及び保存される必要がある。

解説　　内部統制

ア　不適切。内部統制とは、基本的に、業務の有効性及び効率性、財務報告の信頼性、事業活動に関わる法令等の遵守並びに資産の保全の4つの目的が達成されているとの合理的な保証を得るために、業務に組み込まれ、組織内の全ての者によって遂行されるプロセスをいう。

イ　適　切。内部統制は、統制環境、リスクの評価と対応、統制活動、情報と伝達、モニタリング（監視活動）及びIT（情報技術）への対応の6つの基本的要素から構成される。

ウ　適　切。内部統制の目的を達成するため、経営者は、内部統制の基本的要素が組み込まれたプロセスを整備し、そのプロセスを適切に運用していく必要がある。

エ　適　切。内部統制の整備及び運用状況は、適切に記録及び保存される必要がある。

正解　ア

問題5. 東京証券取引所による「コーポレートガバナンス・コード」に記されている、コーポレートガバナンスの基本原則として最も適切ではないものを以下のアからエまでのうち1つ選びなさい。

ア．資産の保全

イ．株主の権利・平等性の確保

ウ．株主以外のステークホルダーとの適切な協働

エ．取締役会等の責務

解説　企業統治（コーポレートガバナンス）

　「コーポレートガバナンス・コード」では、「コーポレートガバナンス」を、「会社が、株主をはじめ顧客・従業員・地域社会等の立場を踏まえた上で、透明・公正かつ迅速・果断な意思決定を行うための仕組み」を意味するとした上で基本原則として以下の5つを挙げている。
・株主の権利・平等性の確保
・株主以外のステークホルダーとの適切な協働
・適切な情報開示と透明性の確保
・取締役会等の責務
・株主との対話
　「資産の保全」は、「内部統制」の4つの目的として挙げられているものの1つである。

正解　ア

問題6. 企業の社会的責任（CSR）に関する用語についての以下のアからエまでの記述のうち、最も適切ではないものを1つ選びなさい。

ア. トランスペアランシーとは、企業価値の最大化や企業理念の実現に向けて、企業経営の公平性や健全性、透明性を確保して、維持・推進するために、企業経営を監視する仕組みのことである。

イ. ERM とは、企業リスクマネジメントのことであり、内部統制を適切かつ確実に行うためのマネジメントシステムであるといえる。これは経済的健全性の結果責任だけでなく、ビジネス過程でのプロセス責任を求める発想からきている。

ウ. 企業倫理とは、株主、顧客等のステークホルダーや、社会や環境に大きな影響を与える企業活動を行う上で、経営者をはじめとする一人一人のビジネスパーソンが守るべき基準となる考え方のことである。

エ. ゴーイングコンサーンとは、企業が将来にわたり存続し、事業を継続していくという前提のことをいう。

解説　企業の社会的責任に関する用語

ア　不適切。トランスペアランシーとは、透明性のことであり、企業活動などの経済活動や行政、政治などの公的活動において、個人・組織にかかわらず社会的に求められる情報開示、情報公開度を表すものといえる。また、企業価値の最大化や企業理念の実現に向けて、企業経営の公平性や健全性、透明性を確保して、維持・推進するために、企業経営を監視する仕組みのことを企業統治（コーポレート・ガバナンス）という。

イ　適　切。ERM（企業リスクマネジメント）とは、「Enterprise Risk Management」の略であり、企業リスクマネジメントまたは全社的リスクマネジメント、事業リスクマネジメントなどと呼ばれる。

ウ　適　切。企業倫理（ビジネス・エシックス）とは、株主（投資家）、顧客（消費者）などのステークホルダーや、社会や環境に大きな影響を与える企業活動を行う上で、経営者をはじめとする一人一人のビジネスパーソンが守るべき基準となる考え方のことである。

エ　適　切。財務諸表は企業が継続して事業活動を行うことを前提として作られているため、経営者は会社が少なくとも決算日から1年間事業活動が継続することについて重要な問題がある場合、その内容と財務諸表が継続企業の前提で作成されていること（ゴーイング・コンサーン情報）を注記として記載しなければならない。

正解　ア

問題7. 経団連の「企業行動憲章」の内容に関する以下のアからエまでの記述
のうち、最も<u>適切な</u>ものを1つ選びなさい。

ア．（公正な事業慣行）

公正かつ自由な競争ならびに適正な取引、責任ある調達を行う。ま
た、政治との関係を断つ。

イ．（環境問題への取り組み）

環境問題への取り組みは人類共通の課題であり、企業の存在と活動に
必須の要件として、受動的に行動する。

ウ．（社会参画と発展への貢献）

「良き企業」として、積極的に社会に参画し、その発展に貢献する。

エ．（危機管理の徹底）

市民生活や企業活動に脅威を与える反社会的勢力の行動やテロ、サ
イバー攻撃、自然災害等に備え、組織的な危機管理を徹底する。

解説　 企業行動憲章

ア　不適切。「政治との関係を断つ」が誤りで、正しくは「政治、行政との健全な関係を保つ」である。

イ　不適切。「受動的に行動する」が誤りで、正しくは「主体的に行動する」である。

ウ　不適切。「良き企業」が誤りで、正しくは「良き企業市民」である。「企業市民（Corporate Citizenship）」とは、企業も地域社会における良き市民として存在し、社会に貢献すべきという考え方である。

エ　適　切。記述の通り。企業のグローバル化の進展に伴い、市民生活や企業活動に影響する脅威が多様化、複雑化している。こうした危機に対して、企業は、あらゆるリスクに対応した「オールハザード型」の危機管理体制の確立とともに、組織的な対応を図ることが求められている。また、個社のみならず、サプライチェーンの多元化・可視化・一体化を通じた強靱化を進めること、多様なステークホルダーと連携した取り組みを強化することが不可欠となっている。

正解　エ

問題8．SDGsに関する以下のアからエまでの記述のうち、最も<u>適切ではない</u>ものを1つ選びなさい。

ア．2015年9月の国連サミットで採択された「持続可能な開発目標」（Sustainable Development Goals）は、17のゴール（目標）と169のターゲットからなり、2030年までの達成を目指す国際目標である。

イ．日本では、2016年に内閣総理大臣を本部長とするSDGs推進本部が設置され、2030年の目標達成を目指し、2017年から毎年、8つの優先課題に基づき、政府の施策のうちの重点項目を整理した「骨太方針」を策定している。

ウ．多国籍企業によるサプライチェーンのグローバル化などを背景に、SDGsの基本理念である「誰一人取り残さない」社会の実現のため、企業に人権尊重への取り組み強化を求める国内外の動きは急速に進展している。

エ．「企業行動憲章の手引き」では、SDGsの特徴として、貧困や飢餓といった途上国を中心とする社会的課題のみならず、経済成長や働き方の改革、環境・エネルギー、ジェンダー平等など先進国を含めた万国共通の課題が網羅されていることを挙げている。

解説 SDGs

ア　適　切。記述の通り。17のゴール（目標）の主なものとして、貧困や飢餓の撲滅、教育、ジェンダーの平等、クリーンエネルギーの普及、経済成長、環境保全、平和構築などがある。

イ　不適切。日本では、2016年に内閣総理大臣を本部長とするSDGs推進本部が設置され、2030年の目標達成を目指し、2017年から毎年、8つの優先課題に基づき、政府の施策のうちの重点項目を整理した「SDGsアクションプラン」を策定している。

ウ　適　切。記述の通り。経済産業省の「SDGs経営ガイド」（2019年5月）には、「SDGs ―企業経営における「リスク」と「機会」」の項があり、「世界全体がSDGsの達成を目指す中、これを無視して事業活動を行うことは、企業の持続可能性を揺るがす「リスク」をもたらす。一方、企業がビジネスを通じてSDGsに取り組むことは、企業の存続基盤を強固なものにするとともに、いまだ開拓されていない巨大な市場を獲得するための大きな「機会」となり得る。」と記し、SDGsに取り組まないこと自体が企業のリスクである、としている。

エ　適　切。記述の通り。なお、企業がSDGsに取組むと標榜しながら実際はSDGsにそぐわない行動をとったり、表面上だけの取組みを行うことを指す言葉として「SDGsウォッシュ」がある。電通の「SDGsコミュニケーションガイド」では、「SDGsウォッシュが企業にもたらす影響」として、「生活者と個別の企業との信頼関係を損なう」「投融資先としての企業の魅力を毀損する」の2点を挙げ、ひとたびSDGsウォッシュが指摘されると、企業や商品・サービスへの信頼感が損なわれ、企業活動全体が大きなダメージを受けることになりかねず、ESC投融資先としての企業の魅力を著しく毀損する可能性がある、としている。

正解　イ

問題９． 次の文章中の（　　）に入る最も<u>適切な</u>語句の組合せを、以下のアか
らエまでのうち１つ選びなさい。

（　a　）とは、従来の財務情報だけでなく、環境、社会、ガバナン
ス要素も考慮した投資のことを指す。特に、（　b　）を中心に、企業
経営のサステナビリティを評価するという概念が普及し、気候変動な
どを念頭においた長期的なリスクマネジメントや、企業の新たな収益
創出の機会（オポチュニティ）を評価するベンチマークとして、国連
の「持続可能な開発目標（SDGs）」と合わせて注目されている。

ア．a．ESG投資　　　b．個人投資家

イ．a．ESG投資　　　b．機関投資家

ウ．a．ETF投資　　　b．機関投資家

エ．a．ETF投資　　　b．個人投資家

解説　　ESG 投資

　本問は、ESG 投資に関する理解を問うものである。ESG とは、環境（Environment）、社会（Social）、ガバナンス（Governance）を考慮した投資活動や経営・事業活動をいい、企業の持続的成長のために機関投資家による投資や企業経営に重視すべき要素として活用される概念である。

　（a.　**ESG 投資**）とは、従来の財務情報だけでなく、環境、社会、ガバナンス要素も考慮した投資のことを指す。特に、年金基金など大きな資産を超長期で運用する（b.　**機関投資家**）を中心に、企業経営のサステナビリティを評価するという概念が普及し、気候変動などを念頭においた長期的なリスクマネジメントや、企業の新たな収益創出の機会（オポチュニティ）を評価するベンチマークとして、国連の「持続可能な開発目標（SDGs）」と合わせて注目されている。

※ETF とは、特定の指数、例えば日経平均株価や東証株価指数（TOPIX）等の動きに連動する運用成果をめざし、東京証券取引所などの金融商品取引所に上場している投資信託である。

　ETF = Exchange Traded Fund（上場投資信託）

正解　イ

第2課題　リスクと危機

問題 10.　リスクに関する以下のアからエまでの記述のうち、最も<u>適切ではない</u>
　　　　　ものを1つ選びなさい。

ア．リスクとは、一般的に「事故発生の可能性」といわれており、「リス
　　ク＝損害事象発生確率×発生回数」として表すことができる。

イ．リスクについては、経済、医療、経営、保険、マーケティングなど
　　の様々な分野で多様な定義がある。

ウ．JIS Q 31000:2010 では、リスクを「目的に対する不確かさの影響」
　　と定義しているが、ここでいう「不確かさ」とは、事象, その結果
　　又はその起こりやすさに関する情報、理解若しくは知識がたとえ部
　　分的にでも欠落している状態をいう。

エ．リスクの分類方法には、様々なものがあり、例えば、企業活動に
　　よって分類した場合は、「戦略リスク」、「財務リスク」、「オペレー
　　ショナルリスク」、「ハザードリスク」に分けることができる。

解説　リスク

ア　不適切。リスクとは、一般的に「事故発生の可能性」といわれており、「リスク＝損害事象発生確率×影響度」として表すことができる。

イ　適　切。リスクについては、経済、医療、経営、保険、マーケティングなどの様々な分野で多様な定義がある。

ウ　適　切。JIS Q 31000:2010 では、リスクを「目的に対する不確かさの影響」と定義しているが、ここでいう「不確かさ」とは、事象，その結果又はその起こりやすさに関する情報、理解若しくは知識がたとえ部分的にでも欠落している状態をいう。

エ　適　切。リスクの分類方法には、様々なものがあり、例えば、企業活動によって分類した場合は、「戦略リスク」、「財務リスク」、「オペレーショナルリスク」、「ハザードリスク」に分けることができる。

正解　ア

問題 11. リスクマネジメントに関する次の文章中の（　　）に入る最も適切な
語句の組合せを、以下のアからエまでのうち１つ選びなさい。

> JIS Q 31000:2019 では、リスクマネジメントを「（　a　）」と定義し
> ている。
> （　b　）のリスクマネジメントは、リスク全般を対象として、不測
> の事態が発生しないようにするための、予防・防止のための管理活動の
> ことである。一方、（　c　）のリスクマネジメントは、平常時、緊急
> 時、回復・収束時までの一連の管理過程を指す場合もある。なお、
> （c）のリスクマネジメントを「トータルリスクマネジメント」と呼
> び、（b）のリスクマネジメントと区別する場合もある。

ア．a．リスクについて、組織を指揮統制するための調整された活動

　　b．広義

　　c．狭義

イ．a．リスクについて、組織を指揮統制するための調整された活動

　　b．狭義

　　c．広義

ウ．a．体系的かつ継続的に実施するリスク管理に係る一連の自主的活
　　　　動

　　b．狭義

　　c．広義

エ．a．体系的かつ継続的に実施するリスク管理に係る一連の自主的活
　　　　動

　　b．広義

　　c．狭義

解説　リスクマネジメント

　本問は、リスクマメジメントの理解を問うものである。リスクマネジメントのプロセスには、リスクアセスメント、リスク対応、リスクのモニタリング及びレビュー、リスクコミュニケーション及び協議などの一連の活動が該当し、それぞれの活動についても理解を深めることが重要である。

　JIS Q 31000:2019 では、リスクマネジメントを「(a. **リスクについて、組織を指揮統制するための調整された活動**)」と定義している。
　(b. **狭義**) のリスクマネジメントは、リスク全般を対象として、不測の事態が発生しないようにするための、予防・防止のための管理活動のことである。一方、(c. **広義**) のリスクマネジメントは、平常時、緊急時、回復・収束時までの一連の管理過程を指す場合もある。なお、(c. 広義) のリスクマネジメントを「トータルリスクマネジメント」(TRM) と呼び、(b. **狭義**) のリスクマネジメントと区別する場合もある。

正解　イ

問題 12.　JIS Q 31000：2019 におけるリスクアセスメントに関する以下のアか
　　　　　らエまでの記述のうち、最も<u>適切ではない</u>ものを１つ選びなさい。

ア．リスクアセスメントとは、リスク特定、リスク分析及びリスク評価
　　を網羅するプロセス全体を指すと示しており、リスクマネジメント
　　一連の活動の中核となる。

イ．リスクアセスメントの手順として、まず、リスクを特定する。リス
　　ク分析によってリスクの性質及び特徴を理解し、事故に至るシナリ
　　オを構築して、事故の発生の可能性とその影響度からリスクレベル
　　を算定する。

ウ．JIS Q 0073：2010 では、リスク分析を組織の目的の達成を助ける又は
　　妨害する可能性のあるリスクを発見し、認識し、記述することであ
　　ると示している。

エ．リスク分析に用いる手法は、定量的手法、定性的手法、半定量的手
　　法に大別される。

解説 | リスクアセスメント |

ア　適　切。リスクアセスメントとは、リスク特定、リスク分析及びリスク評価を網羅するプロセス全体を指すと示しており、リスクマネジメント一連の活動の中核となる。

イ　適　切。リスクアセスメントの手順として、まず、リスクを特定する。次に、リスク分析によってリスクの性質及び特徴を理解し、事故に至るシナリオを構築して、事故の発生の可能性とその影響度からリスクレベルを算定する。

ウ　不適切。JIS Q 0073:2010 では、リスク分析を「リスクの特質を理解し、リスクレベルを決定するプロセス」と定義している。

エ　適　切。リスク分析に用いる手法は、次の3つに大別され、これらを組み合わせた形で行うこともできる。

・定量的手法

　リスクを、発生確率や損失額、統計的な方法などによって具体的な数値で表す。

・定性的手法

　リスクの発現結果や発生確率及びレベルを、高い・普通・低い、大・中・小などによって表す。

・半定量的手法

　リスクを数値化する際にいくつかのクラスに分けるなどによって表す。

| 正解　ウ |

問題 13. JIS Q 31000：2019 におけるリスクアセスメントに関する次の文章中の（　　）に入る最も<u>適切な</u>語句の組合せを、以下のアからエまでのうち１つ選びなさい。

　リスクアセスメントとは、リスク特定、（　a　）及び（　b　）を網羅するプロセス全体を指す。

　リスク特定の意義は、組織の目的の達成を助ける又は妨害する可能性のあるリスクを発見し、認識し、（　c　）することである。（a）の意義は、必要に応じてリスクのレベルを含め、リスクの性質及び特徴を理解することである。（b）の意義は、決定を裏付けることであり、どこに追加の行為をとるかを決定するために、（a）の結果と確立されたリスク基準との比較を含む。

ア．a．リスク分析　　　　b．リスク評価　　　　c．対処

イ．a．リスク分析　　　　b．リスク評価　　　　c．記述

ウ．a．リスク評価　　　　b．リスク分析　　　　c．記述

エ．a．リスク評価　　　　b．リスク分析　　　　c．対処

解説　リスクアセスメント

　リスクアセスメントの手順として、まず、リスクを特定する。次に、リスク分析によって事故に至るシナリオを構築して、事故の発生の可能性とその影響度からリスクレベル（リスクの大きさ）を算定する。それを踏まえ、リスク評価によりリスク受容基準を設定する。

　リスクアセスメントとは、リスク特定、（a. **リスク分析**）及び（b. **リスク評価**）を網羅するプロセス全体を指す。
　リスク特定の意義は、組織の目的の達成を助ける又は妨害する可能性のあるリスクを発見し、認識し、（c. **記述**）することである。（a. **リスク分析**）の意義は、必要に応じてリスクのレベルを含め、リスクの性質及び特徴を理解することである。（b. **リスク評価**）の意義は、決定を裏付けることであり、どこに追加の行為をとるかを決定するために、（a. **リスク分析**）の結果と確立されたリスク基準との比較を含む。

正解　イ

問題14. リスク分析とリスク評価に関する以下のアからエまでの記述のうち、最も<u>適切な</u>ものを１つ選びなさい。

ア．リスク分析の定性的手法とは、リスクを、発生確率や損失額、統計的な方法などによって具体的な数値で表すものである。

イ．リスク分析の定量的手法とは、リスクの発現結果や発生確率及びレベルを、高い・普通・低い、大・中・小などによって表すものである。

ウ．リスク評価において、リスクを３つの帯域に分類して対応を決定する場合の下部帯域とは、リスクレベルを許容できないと推定し、多大なコストをかけてでもリスク対応が不可欠の場合などを指す。

エ．リスク評価において、リスクを３つの帯域に分類して対応を決定する場合の中間帯域とは、費用対効果を考慮しつつ対応を判断する場合などを指す。

解説　リスク分析とリスク評価

ア　不適切。リスク分析の定性的手法とは、リスクの発現結果や発生確率及び
　　　レベルを、高い・普通・低い、大・中・小などによって表すもの
　　　である。

イ　不適切。リスク分析の定量的手法とは、リスクを、発生確率や損失額、統
　　　計的な方法などによって具体的な数値で表すものである。

ウ　不適切。リスク評価において、リスクを3つの帯域に分類し手対応を決定
　　　する場合の下部帯域とは、リスクレベルが低いことからリスク対
　　　応が不要の場合などを指す。本肢の内容は、上部帯域のものであ
　　　る。

エ　適　切。リスク評価において、リスクを3つの帯域に分類して対応を決定
　　　する場合の中間帯域とは、いわゆる「グレーゾーン」のことで、
　　　コスト及び効用を考慮しつつ、機会と潜在的結果とのバランスを
　　　とり、対応を判断する場合などを指す。

正解　エ

問題 15. リスクコミュニケーションに関する以下のアからエまでの記述のうち、最も<u>適切ではないもの</u>を1つ選びなさい。

ア. リスクコミュニケーションは、様々な分野で様々な定義があり、JIS Q 2001:2001 では、「意思決定者と他のステークホルダーの間における、リスクに関する情報の交換、又は共有」と定義していた。

イ. JIS Q 0073:2010 では、リスクコミュニケーションを「コミュニケーション及び協議」として、「リスクの運用管理について、情報の提供、共有又は取得、及びステークホルダーとの対話を行うために、組織が継続的に及び繰り返し行うプロセス」と定義している。

ウ. JIS Q 31000:2019 では、コミュニケーション及び協議の意義は、関連するステークホルダーが、リスク、意思決定の根拠、及び特定の活動が必要な理由が理解できるように支援することであると示している。

エ. リスクコミュニケーションは、より適切なリスクマネジメントを行うために、内部（経営陣と従業者等）ではなく、外部（企業とステークホルダー、企業と社会）でのリスクに関する情報について、相互に交換・共有・理解をするための活動である。

解説　リスクコミュニケーション

ア　適　切。記述の通り。事業活動にかかわるリスクは、少ないことが望ましいが、リスクをゼロにすることはできない。このため、上手にリスクとつきあっていくことが重要となり、そのための手段としてリスクコミュニケーションという概念がある。

イ　適　切。記述の通り。ここでの「情報」とは、リスクの存在、特質、形態、起こりやすさ、重大性、評価、受容可能性、対応又はその他の運用管理の側面に関係することがあると示されている。

ウ　適　切。記述の通り。ここでの「コミュニケーション」は、リスクに対する意識及び理解の促進を目指し、一方、「協議」は、意思決定を裏付けるためのフィードバック及び情報の入手を含むとしている。

エ　不適切。リスクコミュニケーションは、より適切なリスクマネジメントを行うために、外部（企業とステークホルダー、企業と社会）や内部（経営陣と従業者等）で、リスクに関する情報について、相互に交換・共有・理解をするための活動ということができる。

正解　エ

問題 16. リスクトリートメントにおいて、リスクの発生頻度と影響の大きさに
よって対応を選択する場合、リスクの発生頻度が高く影響が小さい
ときに選択するものとして最も<u>適切な</u>ものを、以下のアからエまで
のうち１つ選びなさい。

ア．リスクの回避

イ．リスクの移転

ウ．リスクの低減

エ．リスクの保有

解説　　リスクトリートメント

ア　不適切。リスクの発生頻度が高く影響が大きい場合は、一般的にはリスクの回避を選択する。

イ　不適切。リスクの発生頻度が低く影響が大きい場合は、一般的にはリスクの移転を選択する。

ウ　適　切。リスクの発生頻度が高く影響が小さい場合は、一般的にはリスクの低減を選択する。

エ　不適切。リスクの発生頻度が低く影響が小さい場合は、一般的にはリスクの保有を選択する。

正解　ウ

問題17. リスクファイナンスに関する以下のアからエまでの記述のうち、最も
　　　　適切なものを１つ選びなさい。

　　ア．リスクファイナンスとは、「企業が行う事業活動に必然的に付随す
　　　　るリスクについて、これらが顕在化した際の企業経営へのネガティ
　　　　ブインパクトを緩和・抑止する財務的手法」である。

　　イ．リスク保有のうち、積極的保有とはリスク顕在化により生じる損失
　　　　を内部留保等でまかなうことであり、「保険デリバティブ」はその
　　　　例である。

　　ウ．「ファイナイト保険」では、保険に転嫁できるリスク量が無限であ
　　　　るため、すべてのリスクを保険会社に移転することが出来る。

　　エ．リスク保有は、積極的保有と消極的保有に大別できるが、積極的保
　　　　有とは、リスクを特定あるいは認識せずに保有することであり、リ
　　　　スクマネジメントの側面では、極力避ける必要がある。

解説　リスクファイナンス

ア　適　切。記述の通り。経営環境や財務状況、ステークホルダーからの要請などを総合的に判断し、除去できないリスクについて、社外に移転するか、社内に残すかを検討する。

イ　不適切。「保険デリバティブ」は、リスク移転の例である。

ウ　不適切。リスク保有とリスク移転を組み合わせた「ファイナイト保険」では、保険に転嫁できるリスク量が限られ、リスクを保険会社と分担することとなる。

エ　不適切。リスク保有は、積極的保有と消極的保有に大別できる。積極的保有とは、リスク顕在化により生じる損失を内部留保でまかなうことである。一方、消極的保有とは、リスクを特定あるいは認識せずに保有することであり、リスクマネジメントの側面では、極力避ける必要がある。

正解　ア

問題18. 企業活動によるリスクの分類に関する以下のアからエまでの記述のうち、最も<u>適切な</u>ものを1つ選びなさい。

　ア．株価や金利の変動などに関するリスクは、ハザードリスクに分類することができる。

　イ．M&A や設備投資などに関するリスクは、財務リスクに分類することができる。

　ウ．リコールなど企業の業務活動が原因で発生するリスクは、戦略リスクに分類することができる。

　エ．法令違反、個人情報漏えいなどに関するリスクは、オペレーショナルリスクに分類することができる。

解説　企業活動によるリスクの分類

　本問は、企業活動によるリスクの分類の理解を問うものである。企業を取り巻くリスクには様々なものがあり、さまざまな分類方法があるが、各企業の実態に合った分類を行う必要がある。

・戦略リスク

　経営者の意思決定に関わるリスクであり、新規事業や M&A、市場ニーズの変化、海外進出、設備投資などがある。

・財務リスク

　企業の財務に関わるリスクであり、キャッシュフローや資産価値、株価や金利の変動、原材料価格の高騰、流動性悪化などがある。

・オペレーショナルリスク（内在的リスク）

　企業の業務活動が原因で発生するリスクであり、法令違反、個人情報漏えい、リコール、セクハラ・パワハラ、環境汚染などがある。

・ハザードリスク（外来的リスク）

　災害や事故などによるリスクであり、サイバー攻撃、戦争、地震・風水害、感染症の蔓延、事故による従業者の死傷などがある。

正解　エ

問題 19. 次の表は、リスクに関する用語について表したものである。表中の
（　　）に入る最も適切な語句の組合せを、以下のアからエまでの
うち1つ選びなさい。

用　語	説　明
（　a　）	企業の評判に関わるリスク全体を指すものであり、ステークホルダーが企業に対して抱くイメージ（期待や認識）と企業の実態（現実の姿）との間のギャップやズレである。
（　b　）	様々な分野で様々な定義がある。例えば、JIS Q 27000:2019では、情報セキュリティインシデントを「望まない単独若しくは一連の情報セキュリティ事象、又は予期しない単独若しくは一連の情報セキュリティ事象であって、事業運営を危うくする確率及び情報セキュリティを脅かす確率が高いもの」と定義している。
（　c　）	企業が将来直面する可能性のある問題、つまり、外部環境の変化（社会的論争点や法的規制など）に対し、それを危機として予知・予測して、常にその兆候を捉え、対応などを行う管理活動である。

ア．a．レピュテーションリスク　　b．イシューマネジメント
　　c．インシデント

イ．a．レピュテーションリスク　　b．インシデント
　　c．イシューマネジメント

ウ．a．インシデント　　　　　　b．イシューマネジメント
　　c．レピュテーションリスク

エ．a．インシデント　　　　　　b．レピュテーションリスク
　　c．イシューマネジメント

解説 リスクに関する用語

　本問は、リスクに関する用語の理解を問うものである。レピュテーションリスクとは、いわゆる「風評リスク」のことである。インシデントには様々な定義があり、本問以外にもJIS Q 22300:2013では、「中断・阻害、損失、緊急事態又は危機になり得る又はそれらを引き起こし得る状況」と定義している。イシューマネジメントによって、外部環境の変化による企業活動に関する被害を最小限に抑えたり、事態の悪化を未然に防ぐことができるようになる。

用　語	説　明
レピュテーションリスク	企業の評判に関わるリスク全体を指すものであり、ステークホルダーが企業に対して抱くイメージ（期待や認識）と企業の実態（現実の姿）との間のギャップやズレである。
インシデント	様々な分野で様々な定義がある。例えば、JIS Q 27000:2019では、情報セキュリティインシデントを「望まない単独若しくは一連の情報セキュリティ事象、又は予期しない単独若しくは一連の情報セキュリティ事象であって、事業運営を危うくする確率及び情報セキュリティを脅かす確率が高いもの」と定義している。
イシューマネジメント	企業が将来直面する可能性のある問題、つまり、外部環境の変化（社会的論争点や法的規制など）に対し、それを危機として予知・予測して、常にその兆候を捉え、対応などを行う管理活動である。

正解　イ

問題20. リスク等に関する以下のアからエまでの記述のうち、最も<u>適切ではな</u>
<u>い</u>ものを1つ選びなさい。

ア．コンティンジェンシープランは、「不測事態対応計画」や「緊急時対
応計画」などとも呼ばれ、自然災害やテロ、火災、システム障害な
どの緊急事態が発生した場合を想定し、被害を最小限に抑えるため
に、あらかじめ定めておく対応策や行動手順などの計画である。経
営活動そのものにも用いられることがあり、競合他社の追随や業績
不振などの事態に備える計画も該当する。

イ．イシューマネジメントは、外部環境の変化（社会的論争点や法的規
制など）に対し、危機として予知・予測して、対応などを行う管理
活動である。

ウ．ハインリッヒの法則は、労働災害などの発生頻度から推計したリス
クが顕在化する確率を経験則にしたものであり、「1：19：200 の法則」
とも呼ばれる。

エ．インシデントは、JIS Q 22300:2013 において、「中断・阻害、損失、
緊急事態又は危機になり得る又はそれらを引き起こし得る状況」と
定義されている。

解説 リスク等

ア　適　切。記述の通り。コンティンジェンシープランの策定は、一般的に、まず、想定されるリスクの洗い出しを行い、基本方針を策定する。続いて体制を構築し、緊急連絡網などの整備を行う。これらの内容について、従業者へ周知し、定期的に教育・訓練を行う。

イ　適　切。記述の通り。イシューマネジメントによって、外部環境の変化による企業活動に関する被害を最小限に抑えたり、事態の悪化を未然に防ぐことができるようになる。

ウ　不適切。ハインリッヒの法則は、労働災害などの発生頻度から推計したリスクが顕在化する確率を経験則にしたものであり、「1：19：200の法則」ではなく、「1：29：300の法則」とも呼ばれる。（学習テキスト p.35〜36）。

エ　適　切。記述の通り。インシデントは、事業継続管理や事業継続計画において、事業の中断が発生してしまった事態や事業を支える重要な業務の中断が発生してしまった事態などを指す。また、事業や業務の中断が発生しなかったとしても、そのような状況が発生しそうになった未遂の事態を含む場合もある。

正解　ウ

問題21. 投機的リスクに関する以下のアからエまでの記述のうち、最も<u>適切な</u>ものを1つ選びなさい。

ア．投機的リスクは、「静的リスク」とも呼ばれ、損失のみを発生させる利得の可能性のないリスクである。

イ．投機的リスクは、経営者の意思決定や行動に伴うリスクであり、損失の範囲を限定することが可能であることから容易に保険化することができる。

ウ．従業者の怪我や病気、情報漏えい、法的賠償責任などに関するリスクは、投機的リスクである。

エ．近年では、投機的リスクを含め、リスクは企業価値の源泉という見方で、積極的に捉えられるようになってきている。

解説　　投機・投資的リスク

ア　不適切。投機的リスクは、「ビジネスリスク」や「動態的リスク」とも呼ばれ、損失だけではなく利益を生む可能性もあるリスクである。経営者の意思決定や行動に伴うリスクであり、保険化が困難なものである。ただし、投資的なリスクは、損失の範囲を限定することが可能である。また、投機的リスクを、「経済的情勢変動リスク」「政治的情勢変動リスク」「法的規制変更リスク」「技術的情勢変化リスク」の４つに分類する場合もある。本肢は、純粋リスクに関する記述である。

イ　不適切。「投機的リスク」損失だけではなく利益を生む可能性もあるリスクである。それに対して純粋リスクは、損失のみを発生させる。保険は、経済的リスクで測定可能な「純粋リスク」をマネジメントする手段であると考えることができる。

ウ　不適切。従業者の怪我や病気、情報漏えい、法的賠償責任などに関するリスクは、「純粋リスク」に分類する。

エ　適　切。記述の通り。近年では、リスクを企業価値の源泉という見方で、積極的に捉えられている。

正解　エ

問題 22. ハインリッヒの法則等に関する以下のアからエまでの記述のうち、最も<u>適切ではない</u>ものを１つ選びなさい。

ア. ハインリッヒの法則は、アメリカの損害保険会社の安全技師であったハインリッヒが発表した法則で、労働災害や事故などの発生頻度から推計したリスクが顕在化する確率を経験則にしたものである。

イ. ハインリッヒの法則は、「1：29：300 の法則」とも呼ばれ、１件の重大事故や事件の前には、29 もの軽度な事故や失敗が発生していて、事故や事件には至らなかったものの 300 のヒヤリハット体験が存在するというものである。

ウ. バードの法則の事故比率は「1：10：30：300」で、１件の重大な事故の背景には、10 件の軽傷を伴う事故、30 件の物損事故、300 件のニアミスが存在するというものである。

エ. ハインリッヒの法則又はバードの法則の研究成果で重要なことは、比率の数字ではなく、災害という事象の背景には、危険有害要因が数多くあるということであり、ヒヤリハット等の情報をできるだけ把握し、迅速、的確にその対応策を講ずることが必要であるということである。

解説　　ハインリッヒの法則等

ア　適　切。ハインリッヒの法則は、アメリカの損害保険会社の安全技師であったハインリッヒが発表した法則で、労働災害や事故などの発生頻度から推計したリスクが顕在化する確率を経験則にしたものである。

イ　適　切。ハインリッヒの法則は、「1：29：300 の法則」とも呼ばれ、1 件の重大事故や事件の前には、29 もの軽度な事故や失敗が発生していて、事故や事件には至らなかったものの 300 のヒヤリハット体験が存在するというものである。

ウ　不適切。バードの法則の事故比率は「1：10：30：600」で、1 件の重大な事故の背景には、10 件の軽傷を伴う事故、30 件の物損事故、600 件のニアミスが存在するというものである。

エ　適　切。ハインリッヒの法則又はバードの法則の研究成果で重要なことは、比率の数字ではなく、災害という事象の背景には、危険有害要因が数多くあるということであり、ヒヤリハット等の情報をできるだけ把握し、迅速、的確にその対応策を講ずることが必要であるということである。

正解　ウ

第3課題　危機管理の構築

問題23. クライシスマネジメントに関する以下のアからエまでの記述のうち、最も<u>適切ではない</u>ものを1つ選びなさい。

ア．クライシスマネジメントは、不測の事態が発生した際に実施されるものである。

イ．主に想定されるクライシスには、自然災害や重大な事故、テロや感染症などさまざまなものがある。

ウ．クライシスマネジメントは、危機・事故・事案が発生した後、被害・損失を最小限化するための管理活動である。

エ．クライシスマネジメントは、危機的な状態が発生した場合の事後対応を目的としていることから、その発生した事件又は事故の全容がある程度明らかになった段階で検討することがポイントとなる。

解説 クライシスマネジメント

ア 適 切。記述の通り。「狭義のリスクマネジメント」は、リスク全般を対象として、不測の事態が発生しないようにするための、予防・防止のための管理活動のことである。

イ 適 切。記述の通り。自然災害や重大な事故、テロや感染症などが主に想定されるクライシスである。

ウ 適 切。クライシスマネジメントにおいては、平常時に危機発生後の対応をあらかじめ検討しておくことが重要である。

エ 不適切。クライシスマネジメントは、クライシスポイントからの初期対応、緊急復旧、その後の定常復旧までの一連の活動過程が該当するが、クライシスポイントの発生直前の予兆から、警戒段階、及び発生直後の復旧までの活動過程を指す場合もある。

正解 エ

問題 24. 一般的な危機管理委員会に関する以下のアからエまでの記述のうち、最も<u>適切な</u>ものを１つ選びなさい。

ア．危機管理委員会は、「クライシスマネジメント委員会」とも呼ばれ、さまざまなクライシスに対し、迅速かつ適切な対応を行うことによって、企業活動への影響を最小化することを目的としている。

イ．危機管理委員会は、時限的な機関として設置されるものである。

ウ．危機管理委員会の委員長へのトップマネジメント（社長・副社長、役員クラス）の就任は避けるべきである。

エ．一般的な危機管理委員会の主な役割は、危機への対応策の検討、立案であって、危機に関する情報の収集ではない。

解説 危機管理委員会

ア 適 切。記述の通り。なお、トータルリスクマネジメントを行う場合は、リスク管理委員会（45参照）に包含される場合が多い。

イ 不適切。危機管理委員会は、常設機関であり、定期的に開催し、情報の収集・分析、防止対策などを継続的に検討・改善する。

ウ 不適切。危機管理委員会のトップは十分な権限を持っていることが重要であり、危機管理委員会の委員長には、権限を持つトップマネジメント（社長・副社長、役員クラス）が就任することが望ましい。

エ 不適切。危機管理委員会の主な役割は、以下の通りである。
　　・想定される危機に関する情報の収集及び分析
　　・想定される危機の評価及び順位付け（プライオリティ）の確立
　　・順位付けされた危機への対応策の検討、立案、実施
　　・対策本部の組織体制の整備、活動内容の決定
　　・危機管理マニュアルの作成、見直し、周知
　　・従業者に対する情報提供、教育及び訓練の実施
　　・緊急時の情報伝達システムの整備
　　・対策本部の設置場所及び施設の確保、什器備品及び通信機器等の整備

正解 ア

問題 25. リスク管理委員会に関する以下のアからエまでの記述のうち、最も<u>適切な</u>ものを1つ選びなさい。

ア. リスク管理委員会は、時限的な機関として設置されるものである。

イ. リスク管理委員会の委員長へのトップマネジメント（社長・副社長、役員クラス）の就任は避けるべきである。

ウ. 一般的なリスク管理委員会は、対策本部の組織体制の整備、活動内容の決定は主な役割ではない。

エ. 一般的なリスク管理委員会の主な役割として、従業者に対する情報提供、教育及び訓練が挙げられる。

解説　リスク管理委員会

ア　不適切。リスク管理委員会は、常設機関であり、定期的に開催し、情報の収集・分析、防止対策などを継続的に検討する。

イ　不適切。リスク管理委員会のトップは十分な権限を持っていることが重要であり、危機管理委員会の委員長には、権限を持つトップマネジメント（社長・副社長、役員クラス）が就任することが望ましい。

ウ　不適切。一般的なリスク管理委員会の主な役割として、対策本部の組織体制の整備、活動内容の決定が挙げられる。

エ　適　切。記述の通り。そのほかにも危機管理マニュアルの作成・見直し・周知や緊急時の情報伝達システムの整備などがある。

正解　エ

問題26. 次の図は、個人情報保護対策におけるPDCAサイクルのイメージを表したものである。以下のアからエまでのうち、それぞれのステップで実施すべき内容として、最も適切ではないものを1つ選びなさい。

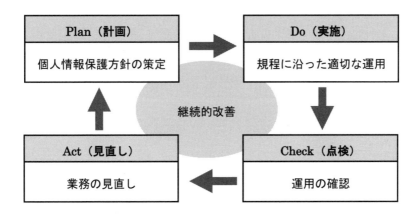

ア．緊急事態への準備は、Planステップで実施する。

イ．リスクアセスメントは、Doステップで実施する。

ウ．個人情報保護監査は、Checkステップで実施する。

エ．是正処置及び予防処置は、Actステップで実施する。

解説　PDCA サイクル

ア適　切。記述の通り。Planステップでは、一般的に問題を整理し、目標を立て、その目標を達成するための計画を立案・策定する。

イ不適切。リスクアセスメントは、**Plan**ステップで実施する。
　　　　なお、Doステップでは、従業者への教育や、苦情及び相談への対応などを実施する。

ウ適　切。記述の通り。Checkステップでは、一般的に実施した業務が計画通り実施されているかを点検する。

エ適　切。記述の通り。Actステップでは、一般的に点検結果をもとに、業務の改善を行う。

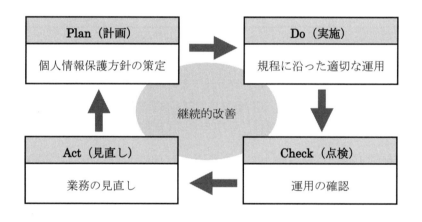

正解　イ

問題 27. 危機管理マニュアルに関する以下のアからエまでの記述のうち、最も適切ではないものを 1 つ選びなさい。

ア. 危機管理マニュアルを作成する目的は、経営層や社員が自社を取り巻くリスクや危機管理体制に関する目的、基本方針、目標、事前準備、緊急事態対応体制、方法、対応担当者などについて理解し、リスク対応時に迷わず対応が行えるようにするものである。

イ. 危機管理マニュアルに記載すべき項目として、目的・基本方針、危機レベルの設定および被害予測、平常時の取り組み、危機発生時の取り組み、復旧への取り組み、危機発生時の業務指示項目、緊急連絡網などが挙げられる。

ウ. 企業活動における危機管理マニュアルは、当該企業の情報財産であることから、対外的に公開してはならない。

エ. 「実施マニュアル」は、一般論を述べるのではなく、自社の実状に即した行動指針となるようにしなければならない。

解説　　危機管理マニュアル

ア　適　切。記述の通り。危機管理マニュアルの目的とその内容について、従業者への周知を徹底し、理解させるためには、教育・訓練のプログラムに組み込むなどの対応が必要となる。

イ　適　切。記述の通り。なお、危機管理マニュアルが抽象的な内容であったり、一般的な内容ではなく、例えば、「基本マニュアル」と「実施マニュアル」などに階層分けして体系化し、実施マニュアルで現場レベルの具体的な行動指針を示すなど、理解しやすい内容にしなければならない。

ウ　不適切。「公開マニュアル」は、危機管理マニュアルを対外的に公開するものであり、インターネット上やリーフレットなどで、誰でも閲覧できるようにしたものである。

エ　適　切。「実施マニュアル」は、同業他社のマニュアルの流用や、業界のマニュアルのひな型（一般論）をそのまま用いるのではなく、自社の実状に即した行動指針となるようにしなければならない。

正解　ウ

問題 28. シミュレーショントレーニングに関する以下のアからエまでの記述の
うち、最も適切ではないものを1つ選びなさい。

ア. シミュレーショレーニングは、実際に緊急時において対応に当た
る可能性の高い現場の一般社員が中心となって企画し、「危機管理マ
ニュアル」に基づいて、組織的に迅速に対応できたかどうかを検証
する。

イ. シミュレーショントレーニングを実施することにより、緊急事態の
緊迫感や緊張感を疑似体験することができるだけではなく、緊急事
態での初期対応の重要性を認識することができる。

ウ. シミュレーショントレーニングには、ある事故の発生を想定したシ
ナリオ（課題）を作成しておき、参加者にそれを提示し、その場で
状況判断や意思決定をさせるトレーニングなどがある。

エ. シミュレーショントレーニングの結果を分析・検証し、それを「危
機管理マニュアル」の修正や体制の改善に反映させることができる。

解説 シミュレーショントレーニング

ア 不適切。シミュレーションレーニングは、「危機管理委員会」が中心と
　　　　なって企画し、「危機管理マニュアル」に基づいて、組織的に迅
　　　　速に対応できたかどうかを検証する。

イ 適　切。記述の通り。シミュレーショントレーニングは、ある特定の災害
　　　　や事故、事件などの緊急事態が発生したことを想定し、全社的に
　　　　その対応を演習（トレーニング）するものである以上、本肢のよ
　　　　うな点に意義がある。

ウ 適　切。記述の通り。シミュレーショントレーニングは、「危機管理委員
　　　　会」が中心となって企画し、「危機管理マニュアル」に基づいて、
　　　　組織的に迅速に対応できたかどうかを検証するため、ある事故の
　　　　発生を想定したシナリオ（課題）を作成しておき、参加者にそれ
　　　　を提示し、その場で状況判断や意思決定をさせるといった手法も
　　　　有用である。

エ 適　切。記述の通り。また、トレーニングは一度だけではなく、年に一回
　　　　程度定期的に実施することが望ましい。

正解　ア

問題 29. メディアトレーニングに関する以下のアからエまでの記述のうち、最も適切ではないものを1つ選びなさい。

ア. メディアトレーニングとは、マスコミの状況を把握し、スムーズなインタビュー対応などを実現するために、経営陣や広報担当者に対して講習・訓練を行うことである。

イ. メディアトレーニングの一環として、記者会見での声明文のキーメッセージの作り方やプレス向け資料の作成などを取り入れることが必要である。

ウ. メディアトレーニングにおける模擬記者会見は、記者会見に慣れることが主な目標であるため、用意する質問は比較的簡単なものにすることが望ましい。

エ. メディアトレーニングは映像として記録し、冷静に対応できたか、適切に受け答えができたか、キーメッセージを適切に伝えることができたかなどを検証する。

解説 メディアトレーニング

ア　適　切。記述の通り。メディアトレーニングとは、マスコミの状況を把握し、スムーズなインタビュー対応などを実現するために、経営陣や広報担当者に対して講習・訓練を行うことである。

イ　適　切。記述の通り。また、想定される事故や事件のシナリオに基づき、模擬記者会見や模擬インタビューを実施したり、鋭い質問や難しい質問などを用意しておき、それに受け答えをすることによって、マスメディアの厳しい対応などを疑似体験することも、トレーニングの一環として有用である。

ウ　不適切。メディアトレーニングでは、想定される事故や事件のシナリオに基づき、模擬記者会見や模擬インタビューを実施する。鋭い質問や難しい質問などを用意しておき、それに受け答えをすることによって、マスメディアの厳しい対応などを疑似体験する。

エ　適　切。記述の通り。これによって修正点などを洗い出し、改善することができる。また、トレーニングは一度だけではなく、シミュレーショントレーニングと同様に、年に一回程度定期的に実施することが望ましい。

正解　ウ

問題 30. 企業における意思決定システムに関する以下のアからエまでの記述の
うち、最も<u>適切ではないもの</u>を１つ選びなさい。

ア．意思決定のシステムが明確に定められていないと、各人の責任や権
限の不明瞭さのため、現場で混乱を引き起こすことになる。

イ．企業における意思決定システムとして、部門ごとの意思決定の範囲、
意思決定の承認者などを明示する必要があり、その例として稟議シ
ステムが挙げられる。

ウ．危機発生時には、あらかじめ決められた稟議システムを通して迅速
な意思決定を行う必要がある。

エ．意思決定システムは、重要な経営システムの一つといえる。

解説　　企業における意思決定システム

ア　適　切。記述の通り。そのため、意思決定システムは、重要な経営システムとして重要な意義を有する。

イ　適　切。記述の通り。企業における意思決定システムとして、どの機関がどこまで意思決定できるのか、ある意思決定は誰の承認を得る必要があるのかなどを明示する必要がある。例えば、会社の稟議システムなどがある。

ウ　不適切。リスクやクライシスは、定型的なケースで発生する可能性が少ないことから、稟議システムにはなじまないといえる。そこで、基本的なガイドライン等に沿いながら、柔軟で迅速なリーダーの意思決定が必要となる。

エ　適　切。記述の通り。企業経営においては、コーポレートガバナンスが重視される。東京証券取引所による「コーポレートガバナンス・コード」では、コーポレートガバナンスを、「会社が、株主をはじめ顧客・従業員・地域社会等の立場を踏まえた上で、透明・公正かつ迅速・果断な意思決定を行うための仕組み」を意味するとしている。

正解　ウ

問題 31. 危機管理における通報システムに関する以下のアからエまでの記述の
うち、最も<u>適切ではない</u>ものを１つ選びなさい。

ア．危機管理における通報システムとは、災害や事故、事件などの緊急
事態が発生した際の、組織としての情報伝達（通報）の仕組みや体
制のことである。

イ．JIS Q 31000:2010 では、緊急時における対応手順の策定及び準備と
して、「組織内外への連絡」を挙げており、緊急時対応を担当する者
は、緊急時における対応手順を関連部門及び部署に提示し、その内
容について調整を図り、相互理解を深めておくことが望ましいとし
ている。

ウ．中抜き通報システムとは、緊急時に直属の上司と連絡が取れなけれ
ば、所属長に通報したり、さらに重大な緊急事態が発生した場合は、
直接「危機管理委員会」に通報することができるルールをいう。

エ．中抜き通報は、通報システムのルールの一つとして、「危機管理マ
ニュアル」に記載し、経営管理層に周知しておかなければならない。

解説　危機管理における通報システム

ア　適　切。危機管理における通報システムとは、災害や事故、事件などの緊急事態が発生した際の、組織としての情報伝達（通報）の仕組みや体制のことである。

イ　適　切。JIS Q 31000:2010 では、緊急時における対応手順の策定及び準備として、「組織内外への連絡」を挙げており、緊急時対応を担当する者は、緊急時における対応手順を関連部門及び部署に提示し、その内容について調整を図り、相互理解を深めておくことが望ましいとしている。

ウ　適　切。中抜き通報システムとは、緊急時に直属の上司と連絡が取れなければ、所属長に通報したり、さらに重大な緊急事態が発生した場合は、直接「危機管理委員会」に通報することができるルールをいう。

エ　不適切。「経営管理層に」が誤りで、正しくは「すべての従業員に」である。中抜き通報は、通報システムのルールの一つとして、「危機管理マニュアル」に記載し、すべての従業者に周知しておかなければならない。

正解　エ

第４課題　危機管理広報

問題32．広報・PR（パブリックリレーションズ）に関する以下のアからエまでの記述のうち、最も<u>適切な</u>ものを１つ選びなさい。

ア．PRは、本来「宣伝」を意味する言葉である。

イ．パブリックリレーションズの考え方は、19世紀末から20世紀にかけてヨーロッパから日本に伝わってきたとされている。

ウ．危機管理広報の対象は、顧客（一般消費者）、地域住民、取引先、株主、投資家などのステークホルダー、当事者組織の従業員及びその主たる情報源となるマスメディアである。

エ．公益社団法人日本パブリックリレーションズ協会の「パブリックリレーションズ（広報・PR）業務と人材育成に関する調査2023年」によれば、企業の広報・PR担当者の育成方法として「業界団体やグループの勉強会があり、これを活用」が９割以上を占め最も多かった。

解説　広報

ア　不適切。パブリックリレーションズは、20世紀初頭からアメリカで発展した、組織とその組織を取り巻く人間（個人・集団・社会）との望ましい関係をつくり出すための考え方および行動のあり方である。日本には第二次世界大戦後の1940年代後半、アメリカから導入され、行政では「広報」と訳されたのに対し、民間企業では「PR（ピーアール）」という略語が使われてきた。その後「PR」は「宣伝」とほとんど同じ意味で使われるようになり、本来持っていた意味から離れてしまった。

イ　不適切。パブリックリレーションズの考え方は、19世紀末から20世紀にかけてアメリカで発展し、日本には第二次世界大戦後の1946年以降にアメリカから導入された。

ウ　適　切。記述の通り。危機管理広報の対象は、顧客（一般消費者）、地域住民、取引先、株主、投資家などのステークホルダー、当事者組織の従業員及びその主たる情報源となるマスメディアである。内部情報の従業員への発信は「社内広報」とも呼ばれる。

エ　不適切。公益社団法人日本パブリックリレーションズ協会の「パブリックリレーションズ（広報・PR）業務と人材育成に関する調査2023年」によれば、企業の広報・PR担当者の育成方法として「「ベテラン・経験者・先輩からの伝授・引継ぎ」が9割以上を占め最も多かった。

正解　ウ

問題33. 危機管理広報に関する以下のアからエまでの記述のうち、最も<u>適切な</u>ものを1つ選びなさい。

ア. 緊急記者会見におけるメディア・スクラム対策として、非常に多くのメディアが押しかけ、会見場での混乱が予想されるときは事前にメディア側と話し合い、通信社などを代表者とする代表質問にする方法がある。

イ. 一般社員に対し、マスコミから取材や問合せがあった場合は、正確な回答ができるように事案に対する情報を常に共有することが望ましい。

ウ. 緊急記者会見に備え想定質問表を用意し、その内容としては想定されるすべての質問とその回答を用意する。

エ. 緊急記者会見では、中途半端な発言はできないため、すべての内容が確定次第、緊急記者会見を行う。

解説　危機管理広報

ア　適　切。記述の通り。メディア・スクラムとは、「集団的過熱取材」のことである。欧米では、議会、会合の終了後に記者が当事者を囲んで行われる臨時の記者会見のことを指すが、現在の日本では取材陣が当事者を取り囲み、又は追いかけて、執拗に取材をするさまを指し、どちらかといえば否定的なニュアンスを持つ言葉になっている。

イ　不適切。一般社員に対し、取材や問合せがあった場合は、不用意にコメントをしないように徹底し、広報窓口へ案内・誘導するためのマニュアルを整備しておくことが望ましい。個々の一般社員に正確な回答をさせる必要はなく、会社の一員としての謝罪と広報窓口への一本化に関する最低限のコメントを準備するだけでよい。

ウ　不適切。緊急記者会見に備えて用意する想定質問表の内容は、詳細なものではなく簡潔なものにする。想定されるすべての質問とその回答を用意する必要はない。数ページにわたる想定質問を数多く用意しても、記者からの質問に該当する質問とその回答を探すのに時間がかかったり、ページを何度もめくっていると、間が空いてしまい、かえって印象が悪くなる危険性がある。

エ　不適切。緊急記者会見における発言の必須事項はお詫び・陳謝、事実経過説明と対応策、原因の究明、賠償あるいは回収、再発防止策の表明、責任の所在の表明、処分などである。これらは必須事項ではあるが、すべての内容が確定するまで待つことはできない。緊急記者会見は事故・事件の発生から多くの時間が経ってから開くものではないため、現状で把握している事実関係、決定している事項を 基 に速やかに行う必要がある。

正解　ア

問題 34. 緊急対策本部に関する以下のアからエまでの記述のうち、最も<u>適切な</u>ものを1つ選びなさい。

ア．緊急対策本部は、企業、官公庁などが不祥事を起こした際の危機対応を行うために常設する組織のことである。

イ．緊急対策本部の設置は、公的に定められた名称に基づいて行われる。

ウ．緊急対策本部スタッフは、本部長であるトップの指揮のもと、常時組織されている危機管理委員会などであらかじめ定められた組織形態・役割分担で、情報収集、危機管理広報、救助救援、顧客対応、総務財務などの該当業務を担当する。

エ．事件・事故が発生した場合、社長、役員など高位の者がメンバーに加わり、緊急対策本部は、特定の一部門に限定する必要がある。

解説　緊急対策本部

ア　不適切。緊急対策本部とは、企業、官公庁などが不祥事を起こした際の危機対応を行うために設置する臨時の組織のことである。

イ　不適切。緊急対策本部は、公的に定められた名称ではなく、他にも対策本部、危機対応チームなどさまざまな呼称がある。

ウ　適　切。記述の通り。緊急対策本部は、本肢の組織体系の下、事件・事故が発生し、拡大、発展のおそれがあると判断される場合、直ちに設置される。

エ　不適切。緊急対策本部の権限は通常ラインの業務権限に優先させ、社長、役員など高位の者がメンバーに加わり、特定の一部門を対策本部とするのではなく、全社横断的なメンバーが加わることが必要とされる。

正解　ウ

問題 35. 不祥事が発生した際に行う緊急記者会見の基準を決める時期について、以下のアからエまでのうち、最も<u>適切な</u>ものを1つ選びなさい。

ア．事故・事件が発生した直後

イ．平時

ウ．事故・事件の詳細が明らかになった後

エ．事故・事件の影響が拡大した後

解説　緊急記者会見

　本問は、緊急記者会見に関する理解を問うものである。緊急記者会見を行う事故・事件の基準は平時に決めておく必要があり、発生した事故・事件の重大性とその影響の拡大の可能性・多発の可能性が基準になるといえる。

正解　イ

問題 36. アカウンタビリティ（説明責任）に関するに関する以下のアからエまでの記述のうち、最も<u>適切ではない</u>ものを１つ選びなさい。

ア．アカウンタビリティとは、企業が、その事業に係る事象の内容、方針について説明する責任のことをいう。

イ．アカウンタビリティとは、もともとは会社法、金融商品取引法などに基く会計用語であった。

ウ．アカウンタビリティは、企業全体の事象について説明する責任のこととして使われている。

エ．アカウンタビリティは、株主に向けて説明する責任のこととして使われている。

解説　アカウンタビリティ（説明責任）

ア　適　切。記述の通り。危機管理広報の場面では、不祥事の原因、現状、予測について隠蔽することなく説明することも含まれる。

イ　適　切。記述の通り。会計（Accounting）と責任（Responsibility）を組み合わせた会社法や金融商品取引法などに基づく会計用語であった。

ウ　適　切。記述の通り。もともとは会計用語であったことから、かつては企業が出資者である株主や債権者に経営状態について説明する義務のことであったが、現在では、経営状態だけにとどまらず、企業全体の事象について、ステークホルダーに向けて説明する責任のこととして広く使われている。

エ　不適切。アカウンタビリティとは、企業がその事業に係る事象の内容、方針などの企業全体の事象について説明する責任であるため、その責任は、株主のみならず、ステークホルダーに対しても負担する。

正解　エ

問題 37. 内部調査委員会と第三者委員会に関する以下のアからエまでの記述の
うち、最も<u>適切ではない</u>ものを 1 つ選びなさい。

ア．従来の経営者等自身による内部調査では、調査の客観性への疑念を
払拭できないため、外部者を交えた委員会を設けて調査を依頼する
ケースが増え始めているが、この種の委員会は、内部調査委員会と
第三者委員会に大別することができる。

イ．内部調査委員会とは、企業等の組織が不祥事を起こした際に、経営
者、代表者等が弁護士に対し不祥事の原因等の内部調査への参加を
依頼することによって、調査の精度や信憑性を高めようとする委員
会のことをいう。

ウ．経営者等自身のためではなく、すべてのステークホルダーのために
調査を実施し、それを対外公表することで、企業の信頼と持続可能
性を回復することを目的とするのが、第三者委員会の使命である。

エ．不祥事の発生時において、内部調査委員会、第三者委員会のどちら
を設けるかは、法令で定められている。

解説　内部調査委員会と第三者委員会

ア　適　切。記述の通り。内部調査委員会、第三者委員会ともに調査の精度や信憑性を高めようとするために設置されるという共通点がある。

イ　適　切。記述の通り。不祥事の規模や、社会的影響の度合いによっては、内部調査委員会だけで目的を達成できる場合もあるが、企業等の活動の適正化に対する社会的要請が高まるにつれて、内部調査委員会の方式ではすべてのステークホルダーや、これらを代弁するメディア等に対する説明責任を果たすことは困難な場合も多い。

ウ　適　切。記述の通り。第三者委員会は、依頼の形式にかかわらず、企業等から独立した立場で、企業等のステークホルダーのために、中立・公正で客観的な調査を行う。

エ　不適切。内部調査委員会、第三者委員会のどちらを設けるかは、基本的には企業等の経営者ないし代表者の判断に委ねられている。

正解　エ

問題 38. 第三者委員会の使命として最も<u>適切</u>なものを、次のアからエまでのうち1つ選びなさい。

　ア．企業の利益を最大化すること

　イ．企業経営者のために調査を行い、結果を非公開とすること

　ウ．企業の信頼と持続可能性を回復すること

　エ．企業と利害関係を有する者を保護すること

解説　第三者委員会

　企業等の組織が不祥事を起こした際に設置される、企業等から独立した委員のみをもって構成され、徹底した調査を実施した上で、専門家としての知見と経験に基づいて原因を分析し、必要に応じて具体的な再発防止策等を提言するタイプの委員会。経営者等自身のためではなく、すべてのステークホルダーのために調査を実施し、それを対外公表することで、<u>最終的には企業等の信頼と持続可能性を回復すること</u>を目的とするのが、この第三者委員会の使命である。

正解　ウ

問題 39. 次の文章中の（　　）に入る最も<u>適切な</u>語句を、以下のアからエまで
のうち１つ選びなさい。

　　（　　）とは、企業などの方針説明書をいう。危機管理広報において
は、緊急事態の発生からの事実経過を時系列で記したものに、原因、対
策をまとめ、自社の対外的な統一見解とする文書をいう。

ア．キーメッセージ

イ．ディスクロージャー

ウ．ホールディングコメント

エ．ポジション・ペーパー

解説　　ポジション・ペーパー

　本問は、ポジション・ペーパーに関する理解を問うものである。ポジション・ペーパーは記者会見における声明書のベースとなり、配布資料にもなる。また質疑応答時の回答をポジション・ペーパーに則ったものとすることで、緊急事態に対する自社の姿勢、立場（ポジション）をぶれずに明確に示すことができる。

　（**ポジション・ペーパー**）とは、企業などの方針説明書をいう。危機管理広報においては、緊急事態の発生からの事実経過を時系列で記したものに、原因、対策をまとめ、自社の対外的な統一見解とする文書をいう。

正解　エ

問題 40. 危機管理広報に関する用語について、以下のアからエまでの記述の
うち、最も<u>適切ではない</u>ものを１つ選びなさい。

ア．公式見解は、会社として公式に表明する見解のことをいい、各担当
者が勝手な発言をしないよう本部広報担当に一元化し、十分すり合
わせをした上で、会社としての統一見解を公式見解としなければな
らない。

イ．メディア・スクラムとは、緊急記者会見において、組織を代表して
発言をする役割の人のことである。

ウ．想定質問表とは、記者会見で聞かれることが予測される質問に対し
て、会社の公式見解に則った回答を文章にしたものをいうが、実際
の記者会見では想定質問表の効果は限定的といわれている。

エ．メディア・リテラシーとは、メディアの発信する情報を読み解き、
メディアを主体的に活用する能力のことをいい、媒体読解力ともい
う。

解説　危機管理広報に関する用語

ア　適　切。記述の通り。危機管理広報においては、起こした事故・不祥事に
ついての会社としての考え方を世間に向けて発表することとなる。

イ　不適切。本肢は、スポークス・パーソンに関する説明である。メディア・
スクラムとは、集団的過熱取材をいい、現在の日本では取材陣が
当事者を取り囲み、又は追いかけて、執拗に取材をするさまを指
し、どちらかといえば否定的なニュアンスを持つ言葉になってい
る。

ウ　適　切。記述の通り。詳細な想定質問表を準備しても、実際の質問に合致
するものを探し出す時間、探せなかった場合のダメージを考える
と、基本的な質問に絞って準備しておく方がよい。

エ　適　切。記述の通り。緊急対策本部の情報収集や広報担当の立場にあるも
のは客観的、冷静に報道分析するメディア・リテラシー能力を
もって危機に対応する必要がある。

正解　イ

問題41. アイムソーリー法（Sorry Law）に関する説明として最も<u>適切な</u>ものを、以下のアからエまでのうち1つ選びなさい。

ア．アイムソーリー法は、事故やミスの当事者間でのコミュニケーションを促進し、関係の修復を目的としている。

イ．アイムソーリー法は、アメリカのすべての州で施行されている。

ウ．アイムソーリー法において、交通事故後の謝罪の言葉は、訴訟において有利な証言として採用される。

エ．日本にはアイムソーリー法が存在する。

解説　アイムソーリー法

ア　適　切。アイムソーリー法は、事故やミスの当事者間でのコミュニケーションを促進し、関係の修復を目的としている。

イ　不適切。アイムソーリー法はアメリカの一部の州でのみ施行されている。

ウ　不適切。アイムソーリー法において、交通事故発生時の謝罪は、後の訴訟で不利な証言として採用されない。

エ　不適切。日本にはアイムソーリー法に相当する法律は存在しない。

正解　ア

問題42. 「アドボカシー広告」の説明として最も<u>適切</u>なものを、以下のアから
エまでのうち１つ選びなさい。

ア. 特定の企業・商品の宣伝ではなく、公共の福祉への貢献、啓発活動
を目的に実施する広告である。

イ. 企業が特定の商品・サービスの説明をせず、企業のイメージを上げ
るために実施する広告である。

ウ. 企業が自己の立場の正当性を訴え、消費者の信頼回復を目的に実施
する広告である。

エ. 企業が、新聞などの広告スペースを行政や政治に関する意見を公に
意見する場として利用する手法である。

解説　アドボカシー広告

ア　不適切。公共広告の説明である。

イ　不適切。イメージ広告の説明である。

ウ　適　切。アドボカシー（advocacy）とは、「主張」「弁護」の意味である。
　　　　　アドボカシー広告は、企業の考え方や意見を伝えること、狭義で
　　　　　は企業に降りかかった事故、事件に対する反論や自己弁護などの
　　　　　主張をもって自社の正当性を訴え、顧客、社会からの信頼回復を
　　　　　目的とする広告のことである。

エ　不適切。意見広告の説明である。

正解　ウ

問題 43.「JIS S 0104:2008　消費生活用製品のリコール社告の記載項目及び作
成方法」に記されている、リコール社告の記載項目として最も<u>適切
ではない</u>ものを、以下のアからエまでのうち１つ選びなさい。

ア．リコール社告の発表が遅れた場合、その理由

イ．ホームページアドレス

ウ．１回の社告で十分な有効性が図れなかったときに行う２回目以降の
社告の場合、リコール社告の回数及びこれまでの回収率

エ．製品の特定方法

解説　リコール社告

ア　不適切。リコール社告を実施することになった経緯の説明は記す必要があるが、経緯の説明として、リコール社告が遅れた理由などは、弁解であるため適切ではない、とされている。

イ　適　切。ホームページでリコール社告を掲載する場合は、「リコール社告」と表記し、必ずトップページから直接アクセスできるようにすべきである。

ウ　適　切。1回の社告で、十分な有効性が図れなかった場合には、継続的に実施する複数回の社告が必要である。2回目以降の場合はその旨及びそれまでの回収率を付記することが望ましいとされている。

エ　適　切。製品のイラスト、写真などによって製品の概要を示す。

正解　ア

問題44. インターネットと危機管理に関する用語についての以下のアからエまでの記述のうち、最も<u>適切ではない</u>ものを1つ選びなさい。

ア.「ソーシャルメディアポリシー」とは、企業が考え方や意見を相手に伝わるように主張することをいい、企業に降りかかった事故、事件に対する反論や自己弁護などの主張をもって自社の正当性を訴え、顧客、社会からの信頼回復を目的とする。

イ.「炎上」とは、SNS・インターネット上の不適切な書込みや、不祥事そのものに対する非難、過剰な反応の書込みが殺到・拡散し、収拾がつかなくなる状態を指す。

ウ.「シャドーサイト」とは、不祥事を起こした企業が、その企業サイトの通常のトップページに代えて掲載する臨時のページのことである。

エ.「レピュテーションリスク」とは、顧客・株主・投資家・従業員など多様なステークホルダーによる企業に対する否定的な評価・評判が企業に損害を与えるリスクのことである。

解説　インターネットと危機管理

ア　不適切。「ソーシャルメディアポリシー」とは、企業が X（旧 Twitter）、Facebook やブログなどのソーシャルメディアを利用する際の取り決めを記して公開するものである。。内容はその企業によってさまざまであるが、運営方針・原則、運営のルール、書込み内容の責任などを明示することにより、運営の質の担保、ユーザーに対する責任の明確化を図っているケースが多い。

イ　適　切。「炎上」とは、SNS・インターネット上の不適切な書込みや、不祥事そのものに対する非難、過剰な反応の書込みが殺到・拡散し、収拾がつかなくなる状態を指すネット用語である。ネット用語ではあるが、近年は社会事象を表現する言葉として認識され、一般用語に近くなっている。

ウ　適　切。「シャドーサイト」とは、不祥事を起こした企業が、その企業サイトの通常のトップページに代えて掲載する臨時のページのことである。このページは危機管理の一環として事前に準備しておく。

エ　適　切。「レピュテーション」とは、顧客・株主・投資家・従業員など多様なステークホルダーによる企業に対する肯定的・否定的な評価・評判であり、「レピュテーションリスク」とは、レピュテーションに起因して企業に損害を与えるリスクである。

正解　ア

問題 45. シャドーサイトに関する以下のアからエまでの記述のうち、最も<u>適切</u>ではないものを１つ選びなさい。

ア．シャドーサイトとは、不祥事を起こした企業が、その企業の WEB サイトの通常のトップページに代えて掲載する臨時のページのことである。

イ．シャドーサイトは、動画の使用などを避け、シンプルなデザインにする。

ウ．シャドーサイトは、謝罪、不祥事に対する説明、見解などの文字を中心としたページとする。

エ．実際に緊急事態が発生した場合は、速やかに、シャドーサイトの作成を開始する。

解説　　シャドーサイト

ア　適　切。シャドーサイトとは、不祥事を起こした企業が、その企業の
　　　　　　WEB サイトの通常のトップページに代えて掲載する臨時のペー
　　　　　　ジのことである。

イ　適　切。記述の通り。シャドーサイトでは、不祥事を起こした場合にそぐ
　　　　　　わない派手な表現を避けることが重要である。

ウ　適　切。記述の通り。謝罪、不祥事に対する説明、見解などをトップペー
　　　　　　ジの目立つ位置に掲載すべきである。

エ　不適切。シャドーサイトは、実際に緊急事態が発生してから作成するので
　　　　　　は遅く、事前に準備しておくことが必要である。

正解　エ

第5課題　危機管理各論

問題46. 企業における不祥事発覚の端緒に関する以下のアからエまでの記述の
うち、最も<u>適切ではない</u>ものを1つ選びなさい。

ア. 企業における不祥事発覚の端緒は、企業内部の発覚と企業の外部か
らの発覚に大別することができ、この区分は、不祥事発覚後の企業
の対応において重要な意味を有する。

イ. 同一商品についての複数の通報やクレームは、何らかの不祥事が関
わっているとの問題意識を持ち、慎重に対応すべきであり、しかる
べき部署に情報集約し、他の情報と併せて検討する。

ウ. 不正行為の発見は、高度の職務経験と専門的スキルを必要とするた
め、適切な職務分掌を確保するとともに、高度の職務経験と専門的
スキルを必要とする部署については、極力人事異動を避ける。

エ. マスコミ報道や報道前の事前取材により不正行為の可能性を認識し
た場合、すべて真実と限らない一方、正しい記事である可能性も否
定できない以上、企業としては予断を持たず、迅速に真偽を確認す
る。

解説　企業における不祥事発覚の端緒

ア　適　切。記述の通り。企業が不祥事に対し適切に対処するためには、外部
　　　　　　から発覚する前に内部でこれを把握することが極めて重要である。
　　　　　　不祥事が外部から発覚し、しかもそれが直ちに公になってしまう
　　　　　　場合、企業においては、必要な社内調査、マスコミ対応、不正関
　　　　　　与者に対する処分、再発防止策の策定等すべてが後手に回らざる
　　　　　　を得ないことになってしまう。これに対して、まだ不祥事が公に
　　　　　　なっていない時点で内部で不祥事を把握できた場合、既に不祥事
　　　　　　が発生してしまっている以上限界はあるものの、企業がそれなり
　　　　　　にリスクをコントロールすることは可能である。

イ　適　切。記述の通り。同商品についての複数の通報やクレームは、そこに
　　　　　　は何らかの不祥事（例えば、製造過程あるいは流通過程における
　　　　　　異物混入や品質劣化）が関わっているのではないかとの問題意識
　　　　　　を持ち、慎重に対応することが必要であり、担当者個人だけで処
　　　　　　理させるのは適当でなく、しかるべき部署に情報を集約し、そこ
　　　　　　で他の通報やクレームなどの情報と併せて検討を行うことが重要
　　　　　　である。

ウ　不適切。ある職務について一人の社員だけが担当し、長期にわたり人事異
　　　　　　動による担当者変更がない場合、不正行為の発見が困難・誘発さ
　　　　　　れやすい。不祥事発生防止の観点から、適切な職務分掌、人事異
　　　　　　動が必要となる。

エ　適　切。記述の通り。マスコミによる自社が関与する不正行為に関する報
　　　　　　道は、すべてが真実とは限らず、断片的情報や憶測に基づく誤っ
　　　　　　た記事であることが多い。しかしながら、一方で確実な取材源や
　　　　　　内部告発等を踏まえた正しい記事である可能性も否定できず、企
　　　　　　業としては、不正行為を疑わせる情報に接した以上、予断を持た
　　　　　　ず迅速にその真偽を確認する必要がある。

正解　ウ

問題 47. 内部通報制度に関する以下のアからエまでの記述のうち、最も<u>適切で</u><u>はないもの</u>を1つ選びなさい。

ア. 内部通報制度の効用は、①問題を事業者内部で早期把握することで、リスクを適切に管理し、問題が大きくならないうちに解決可能とすること、②コンプライアンス経営促進を客観的に示し、社会的な信頼を高めること、③労働者のコンプライアンス意識を高めることができる点が挙げられる。

イ. 通報対応に係る業務を外部委託する場合、中立性・公正性に疑義が生じるおそれ又は利益相反が生じるおそれがある法律事務所や民間専門機関等の起用は避けるべきである。

ウ. 内部通報者に対して、適宜進捗状況や調査結果、是正結果を通知するように努め、事実関係の開示については関係者のプライバシー等の侵害とならないかを慎重に検討する。

エ. 法令違反等関与者が、自主的な通報や調査協力をする等問題の早期発見・解決に協力した場合には、当該者に対する懲戒処分等を必ず減免する仕組みを整備する。

解説　内部通報制度

ア　適　切。記述の通り。内部通報制度の目的は、経営上のリスクに係る情報を企業が可及的早期に把握し、自浄作用を発揮することによってコンプライアンス経営を推進し、企業価値の維持向上を図ることにある。

イ　適　切。記述の通り。従来、顧問弁護士や顧問弁護士と同一事務所に所属する他の弁護士が内部通報窓口を担当する例が見られたところ、少なくとも顧問弁護士自身が窓口担当を継続することについては、民間向けガイドラインは否定的な評価をしている。他方、顧問弁護士と同一事務所に所属する他の弁護士が窓口を担当する実務については、同ガイドラインによって直ちに否定されるわけではないと思われるが、同ガイドラインの趣旨に照らせば、顧問業務を行う弁護士と窓口担当弁護士とは別の者とし、両者間にファイアウォール（情報隔壁）を設けるなどといった配慮を要する。

ウ　適　切。記述の通り。通報者とのコミュニケーションは有意義であるが、事実関係の開示については、関係者のプライバシーの配慮を要するし、不確かな状況で調査結果の見込みを話したものの、実際の調査結果が当該見込みと異なった場合などにはかえって通報者の信頼を失いかねないため、伝えるべき内容は留意が必要である。

エ　不適切。調査に協力すれば「必ず減免する」という形でのリニエンシー制度は、情報獲得の面では高い効果が期待される反面、本来減免すべきでない重大な不正であって減免せざるを得ず、対外的な説明に窮したり、首謀者のみがリニエンシー制度によって免責され、協力者のみが処分されることで、かえって社内の士気を下げるといったデメリットもある。そのため、「減免する場合がある」という裁量型に留めるのが適当である。

正解　エ

問題 48. 公益通報者保護法に関する以下のアからエまでの記述のうち、最も<u>適切な</u>ものを1つ選びなさい。

ア．トラック運転手等の1人で事業を行っている者は、保護の対象となることはない。

イ．連名の通報は、公益通報の要件を満たしている場合であっても、保護の対象とはならない。

ウ．公益通報とは、労働者等が、不正の目的により、労務提供先または労務提供先の事業に従事する場合の役員・従業員等について、通報対象事実が生じ、または生じようとする旨を、通報先に通報することである。

エ．使用者が業務委託契約等にもとづいて委託業務等の事業を行っている場合、契約の相手方（委託先等）に対する事業に従事する役員等の通報対象事実について、契約の相手方に通報することは、保護の対象となり得る。

解説　　　公益通報者保護法

ア　不適切。１人親方やトラック運転手等の１人で事業を行っている者は、その実態が「労働者」と認められる場合のみ保護の対象となる（２条１項）。

イ　不適切。公益通報者保護法は、匿名の通報や連名の通報を除外していないため、匿名の通報や連名の通報であっても公益通報の要件を満たしている場合は保護の対象となる。

ウ　不適切。「不正の目的により」が誤りである。公益通報とは、①労働者等が、②不正の目的でなく、③労務提供先または労務提供先の事業に従事する場合の役員・従業員等について、④「通報対象事実」が、⑤生じまたは生じようとする旨を、⑥「通報先」に通報することである（２条１項）。

エ　適　切。記述の通り（２条１項３号）。公益通報の対象となる「労務提供先」とは、①当該労働者の使用者、②派遣労働者の場合の派遣先（派遣労働者の役務の提供を受ける事業者）、③使用者または派遣先が他の事業者との請負契約その他の契約に基づいて事業を行う場合において、当該労働者が当該事業に従事するときにおける当該他の事業者である（法２条１項１号〜３号）。

正解　エ

問題 49. 公益通報者保護制度に関する以下のアからエまでの記述のうち、最も
<u>適切ではない</u>ものを1つ選びなさい。

ア. 職場の同僚の私生活上に関する法令違反行為の通報は、公益通報の
対象外である。

イ. 通報を行う際、通報対象事実が該当する法令名や条項を明示する必
要がある。

ウ. 公益通報者保護法の対象には、通報対象事実またはその他の法令違
反等の事実に関係する事業者に雇用されている労働者だけではな
く、通報の日前1年以内に当該労働者であった者も含まれる。

エ.「通報」とは、一定の事実を他人に知らせることであり、法令違反行
為の行われた事業者名などの具体的事実を知らせない一般的な内容
で行われる限りにおいては「通報」に該当しない。

解説　　公益通報者保護法

ア　適　切。記述の通り。労務提供先やその事業に従事する場合についての通報対象事実が公益通報の対象であるから、労務提供先やその事業と無関係な、職場の同僚の私生活上の法令違反行為の通報は、「公益通報」の対象外である（2条1項）。

イ　不適切。通報を行う際、通報対象事実が該当する法令名や条項を明示する必要はない。なお、当該通報が公益通報に該当するか否か判断できる程度に、またその後の調査や是正等が実施できる程度に具体的な事実を通報先に知らせる必要がある。

ウ　適　切。記述の通り。公益通報者保護法における「労働者」とは、通報対象事実またはその他の法令違反等の事実に関係する事業者に雇用されている労働者または通報の日前1年以内に当該労働者であった者をいう（2条1項1号）。

エ　適　切。記述の通り。事業者名、通報対象事実と疑われる行為の内容、その行為の実行者名などの具体的事実を示して行われる場合には、形式いかんにかかわらず「通報」に当たり得る。

正解　イ

問題 50. 公益通報者保護制度に関する以下のアからエまでの記述のうち、最も
適切ではないものを1つ選びなさい。

ア．従業員の数が 300 人以上の事業者は、公益通報対応体制の整備につ
いて法律上の義務を負う。

イ．公益通報対応業務従事者とは、内部公益通報窓口において受け付け
る内部公益通報に関して公益通報対応業務を行う者であり、かつ、
当該業務に関して公益通報者を特定させる事項を伝達される者をい
う。

ウ．事業者は、公益通報対応業務従事者を定める場合、書面により指定
するなど、従事者の地位に就くことが従事者となる者自身に明らか
となる方法により定めなければならない。

エ．通報対象となる法令違反行為は、事業者に対し、関係法令に基づ
き、刑罰が科されたり、行政処分が課されることがある。

解説 　公益通報者保護制度

ア　不適切。従業員の数が 300 人を超えるの事業者は、公益通報対応体制の整
　　　　　　備について法律上の義務を負う（11 条 1 項）。従業員の数が 300
　　　　　　人以下の事業者は公益通報対応体制の整備について努力義務を負
　　　　　　う（11 条 3 項）。

イ　適　切。記述の通り（11 条 1 項）。また、事業者は、公益通報者の保護を
　　　　　　図るとともに、公益通報の内容の活用により国民の生命、身体、
　　　　　　財産その他の利益の保護に関わる法令の規定の遵守を図るため、
　　　　　　公益通報に応じ、適切に対応するために必要な体制の整備その他
　　　　　　の必要な措置をとらなければならない（11 条 2 項）。

ウ　適　切。記述の通り。公益通報対応業務従事者は、正当な理由なくして当
　　　　　　該業務に関して知り得た事項で通報者を特定させるものを漏えい
　　　　　　してはならないとし（12 条）、違反行為に対しては 30 万円以下
　　　　　　の罰金に処するものとしている（21 条）。

エ　適　切。記述の通り。また、使用者等から解雇その他不利益な取扱いを受
　　　　　　けた労働者は、都道府県労働局における個別労働紛争解決制度を
　　　　　　利用したり、裁判所における紛争解決制度（労働審判手続、仮処
　　　　　　分手続、民事訴訟手続など）を利用したりするなどして、自ら解
　　　　　　決を図っていくことになる。

正解　ア

問題 51. 公益通報者保護法に関する以下のアからエまでの記述のうち、最も<u>適切ではないもの</u>を1つ選びなさい。

ア. 書面により内部公益通報を受けた場合、内部公益通報に係る通報対象事実の中止その他是正に必要な措置をとったときはその旨を、当該内部公益通報に係る通報対象事実がないときはその旨を、適正な業務の遂行及び利害関係人の秘密、信用、名誉、プライバシー等の保護に支障がない範囲において、当該内部公益通報を行った者に対し、速やかに通知する。

イ. 役員である公益通報者は、通報対象事実が生じ、又はまさに生じようとしていると思料する場合において、事業者に対する公益通報をしたことを理由として当該事業者から解任されたときは、当該事業者に対し、解任によって生じた損害の賠償を請求することができる。

ウ. 公益通報者保護法による保護の対象となる労働者が、使用者等から解雇その他不利益な取扱いを受けた場合、当該労働者は、公益通報者保護法に基づく紛争解決制度を利用し、自ら解決するよう努めなければならない。

エ. 公益通報者保護法による保護の対象外となる労働者が、使用者等から解雇その他不利益な取扱いを受けた場合、当該不利益的取扱いは無効となる。

解説　公益通報者保護法

ア　適　切。記述の通り（公益通報者保護法に基づく指針）。内部公益通報を
した者は、事業者からの情報提供がなければ、内部公益通報につ
いて是正に必要な措置がとられたかについて知り得ない場合が多
く、行政機関等に公益通報すべきか、調査の進捗を待つべきかを
判断することが困難である。そのため、利害関係人のプライバ
シーを侵害するおそれがある等、内部公益通報をした者に対し情
報を明らかにすることに支障がある場合を除いて、内部公益通報
への対応結果を内部公益通報をした者に伝える必要がある。

イ　適　切。記述の通り（6条1号）。公益通報者保護法における保護用件を
満たす「公益通報」をした公益通報者は、公益通報をしたことを
理由とする解雇の無効（3条）や公益通報をしたことを理由とす
る不利益な取扱いの禁止（5条1項）等、一定の保護を受ける。

ウ　不適切。公益通報者保護法による保護の対象となる労働者が、使用者等か
ら解雇その他不利益な取扱いを受けた場合、都道府県労働局にお
ける個別労働紛争解決制度を利用したり、裁判所における紛争解
決制度を利用し、自ら解決を図る。公益通報者保護法には紛争解
決制度は規定されていない。

エ　適　切。公益通報者保護法の保護対象ではない場合に、通報が全く保護さ
れないわけではない。公益通報者保護法は、通報対象事実に係る
通報をしたことを理由として労働者又は派遣労働者に対して解雇
その他不利益な取扱いをすることを禁止する他の法令の規定の適
用を妨げるものではなく（8条1項）、労働契約法16条や同法14
条・15条の規定の適用を妨げるものではない（8条2・3項）。
したがって、公益通報者保護法の適用対象外の通報をした者に対
し、使用者が出向・懲戒・解雇の不利益処分をした場合は、出
向・懲戒・解雇が無効になる。

正解　ウ

問題 52. 苦情・クレームに関する以下のアからエまでの記述のうち、最も<u>適切</u><u>な</u>ものを１つ選びなさい。

ア. 見舞金とは、一般的に責任を認めた場合に支払う少額の金銭をいう。

イ. 悪質クレームとは、要求内容、又は要求態度が社会通念に照らして著しく不相当なクレームであり、違法行為や犯罪行為と断定できるものに限られる。

ウ. 法的な苦情・クレームには、①代替請求・代金等の返還請求、②損害賠償請求、③法令違反の指摘の類型がある。

エ. 法的でないクレームは、損害賠償に発展することが多い。

解説　　苦情・クレーム

ア　不適切。見舞金とは、一般的に責任は認めないものの円満解決のために支払う少額の金銭をいう。

イ　不適切。悪質クレームとは、要求内容、又は要求態度が社会通念に照らして著しく不相当なクレームであるが、違法行為や犯罪行為と断定できるものばかりではない。

ウ　適　切。記述の通り。いずれの場合も、過大な要求を伴う場合は、悪質クレームとしての対応を検討することになる。

エ　不適切。法的でないクレームは、顧客の感情的な問題や不快感の問題であり、損害を賠償するほどのものではない。

正解　ウ

問題 53. 苦情・クレームに関する以下のアからエまでの記述のうち、最も<u>適切</u>
<u>ではないもの</u>を1つ選びなさい。

ア．苦情・クレームは、その対応が企業の評価の維持、マーケティング
にとって重要なものである一方、従業員のメンタルヘルスの問題へ
の発展、一般顧客へのサービス低下や従業員の離職率高騰といった
問題を抱え、その対応への備えをしておく必要がある。

イ．不良品、サービスの不備等を理由とする代替品請求や代金等返還請
求について、自社に法的責任がないと判断した場合には、見舞金を
支払う等の請求に一切応じるべきではない。

ウ．悪質なクレームに対しては、いつ何時でも顧客至上主義的な対応を
することが正しいことではないことを共通の認識にしていく必要が
あり、販売責任・製造者責任はあるものの、「消費者の選択した責任」
については強く保護される立場にあり、責任が偏っている現状の是
正も必要である。

エ．現場レベルでクレーム対応の判断ができるように悪質クレームの定
義を明確にするのと同時に企業内で対応の考え方を統一し、そのう
えで、クレーム事例からクレームを類型ごとにまとめ、該当クレー
ムごとに対応内容の基準を作成し、適正に対応できるように整理を
行わなければならない。

解説 　苦情・クレーム

ア 　適 　切。記述の通り。苦情・クレームは、正当な情報提供・意見を含むも
　　　　　　 のは、それに誠実に対応することで、同様の不満を抱える顧客の
　　　　　　 問題解決になり、企業も貴重な情報を得ることができ、より良い
　　　　　　 製品・サービスの提供、ひいては企業の評価向上にもつながる。
　　　　　　 他方、悪質なクレームは、対応する労働者が疲弊し、メンタルヘ
　　　　　　 ルスの問題に発展する可能性があり、悪質なクレームへの対応に
　　　　　　 引きずられると、一般の顧客へのサービスが低下してしまったり、
　　　　　　 ストレスを感じた労働者の離職率が高まってしまうといった問題
　　　　　　 もある。

イ 　不適切。自社に法的責任がないと判断した場合、請求に応じないのが原則
　　　　　　 である。特に、請求者が反社会的勢力である場合や金銭目的のク
　　　　　　 レーマーである場合には、自社に責任がない以上、請求に応じる
　　　　　　 べきでない。そうでない場合には、紛争の長期化の負担や、訴訟
　　　　　　 となった場合の負担や敗訴のリスク、風評への影響等を考慮して、
　　　　　　 「見舞金」や「解決金」を支払って解決（示談）することもある。

ウ 　適 　切。記述の通り。顧客第一主義を大原則に掲げ、消費者の行動は常に
　　　　　　 正しいとの認識が強く、消費者からの意見に対しては不当なもの
　　　　　　 であっても耐えなくてはいけない風潮があるため、社会的にもモ
　　　　　　 ンスター化する消費者を助長させることで悪影響を及ぼしている。
　　　　　　 このような責任偏重の現状を是正する必要がある。

エ 　適 　切。記述の通り。企業の対応の格差は、悪質クレームの温床になりか
　　　　　　 ねず、産業全体への影響もありえる状況である。悪質なクレーム
　　　　　　 に対しては毅然とした対応を図る産業全体の姿勢と、悪質クレー
　　　　　　 ム対応の最低基準が必要であり、業界全体として認識を一つにし
　　　　　　 ていくことが必要である。

正解 　イ

問題 54. 悪質クレームに該当し得る犯罪に関する以下のアからエまでの記述
のうち、最も適切ではないものを1つ選びなさい。

ア．威力を用いて人の業務を妨害した者は、威力業務妨害罪に処せられ
る。

イ．人を恐喝して財物を交付させた者には、恐喝罪が成立するが、金銭
等の要求があり、財物の交付がなかった場合であっても、罪に問わ
れることがある。

ウ．悪質クレームに該当しうる犯罪として、傷害罪や建造物損壊罪が考
えられる。

エ．法人の代表者が、従業員等に対し、生命、身体、自由、名誉又は財
産に害を与える旨を告知した場合、法人に対し、脅迫罪が成立する
場合がある。

解説　悪質クレームに該当し得る犯罪

ア　適　切。記述の通り（刑法 234 条）。業務妨害罪は、①威力を用いて、②人の業務を、③妨害した場合に成立する。

イ　適　切。①人を恐喝して、②財物を、③交付させた者には、恐喝罪が成立するが（刑法 249 条）、恐喝罪は未遂罪も罰せられるため、金銭等の要求があり、財物の交付がなかった場合であっても、罪に問われることがある（刑法 250 条、249 条）。

ウ　適　切。記述の通り（刑法 204 条、260 条）。傷害罪は、人の身体を傷害した場合に成立する。建造物損壊罪は、他人の建造物又は艦船を損壊した場合に成立する。

エ　不適切。脅迫罪は、生命、身体、自由、名誉又は財産に対し害を加える旨を告知して人を脅迫した場合に成立する（刑法 222 条）。ここでいう「人」に法人は含まれず、法人に対する脅迫罪は成立しないと解されているが、「人」である法人の代表者や従業員等に対する脅迫罪が成立する（大阪高判昭 61・12・16）。

正解　エ

問題 55. 労働者派遣法における苦情処理に関する次の条文の（　　）に入る適
切な語句の組合せを、以下のアからエまでのうち１つ選びなさい。

労働者派遣法 40 条 1 項

　（　a　）は、その指揮命令の下に労働させる派遣労働者から当該派
遣就業に関し、苦情の申出を受けたときは、当該苦情の内容を当該
（　b　）に通知するとともに、当該（b）との密接な連携の下に、誠
意をもつて、遅滞なく、当該苦情の適切かつ迅速な（　c　）を図らな
ければならない。

ア．a．派遣先　　　　　b．派遣元　　　　　c．処理

イ．a．派遣先　　　　　b．派遣元　　　　　c．解決

ウ．a．派遣元　　　　　b．派遣先　　　　　c．処理

エ．a．派遣元　　　　　b．派遣先　　　　　c．解決

解説　　労働者派遣法における苦情処理

　本問は、労働者派遣法における苦情処理に関する理解を問うものである。苦情処理に関する規定を定めている法令は、個人情報保護法や労働基準法等多岐にわたる。

労働者派遣法 40 条 1 項

　（**a．派遣先**）は、その指揮命令の下に労働させる派遣労働者から当該派遣就業に関し、苦情の申出を受けたときは、当該苦情の内容を当該（**b．派遣元**）に通知するとともに、当該派遣元との密接な連携の下に、誠意をもつて、遅滞なく、当該苦情の適切かつ迅速な（**c．処理**）を図らなければならない。

正解　ア

問題 56. カスタマーハラスメントに関する用語についての以下のアからエまで
の記述のうち、最も<u>適切ではない</u>ものを 1 つ選びなさい。

ア. カスタマーハラスメントは、一般的に顧客等からのクレーム・言動
のうち、当該クレーム・言動の要求の内容の妥当性に照らして、当
該要求を実現するための手段・態様が社会通念上不相当なもので
あって、当該手段・態様により、労働者の就業環境が害されるもの
をいう。

イ. 「顧客等」には、実際に商品・サービスを利用した者だけでなく、今
後利用する可能性がある潜在的な顧客も含まれる。

ウ. 顧客等の要求の内容が著しく妥当性を欠く場合には、その実現のた
めの手段・態様がどのようなものであっても、社会通念上不相当と
される可能性が高くなると考えられ、顧客等の要求の内容に妥当性
がある場合は、社会通念上不相当とされることはないと考えられる。

エ. 「労働者の就業環境が害される」とは、労働者が、人格や尊厳を侵害
する言動により身体的・精神的に苦痛を与えられ、就業環境が不快
なものとなったために能力の発揮に重大な悪影響が生じる等の当該
労働者が就業する上で看過できない程度の支障が生じることを指す。

解説　カスタマーハラスメント

ア　適　切。記述の通り。企業や業界により、顧客等への対応方法・基準が異なることが想定されるため、カスタマーハラスメントを明確に定義することはできないが、企業へのヒアリング調査等の結果、企業の現場においては本肢のようなものがカスタマーハラスメントであると考えられている。

イ　適　切。記述の通り。実際に商品・サービスを利用した者だけでなく、潜在的な顧客顧客等からも、商品やサービス等への改善を求める正当なクレームがある一方で、不当・悪質なクレーム、いわゆるカスタマーハラスメントからは従業員を守る対応が求められる。

ウ　不適切。顧客等の要求の内容が著しく妥当性を欠く場合には、その実現のための手段・態様がどのようなものであっても、社会通念上不相当とされる可能性が高くなると考えられる。他方、顧客等の要求の内容に妥当性がある場合であっても、その実現のための手段・態様の悪質性が高い場合は、社会通念上不相当とされることがあると考えられる。

エ　適　切。記述の通り。不当・悪質なクレームは、従業員に過度に精神的ストレスを感じさせるとともに、通常の業務に支障が出るケースも見られるなど、企業や組織に金銭、時間、精神的な苦痛等、多大な損失を招くことが想定されるため、企業は不当・悪質なクレーム（いわゆるカスタマーハラスメント）に対して従業員を守る対応が求められる。こうした背景を踏まえ、企業等の皆様にカスタマーハラスメント対策の必要性が生じたため、カスタマーハラスメントの要件に「労働者の就業環境が害される」がある。

正解　ウ

問題 57. うわさと風評に関する以下のアからエまでの記述のうち、最も<u>適切で</u><u>はないもの</u>を１つ選びなさい。

ア．レピュテーションリスクの主な要因には、マスコミ報道が考えら
　　れ、当該マスコミ報道は、内部告発や事件発生がきっかけとなって
　　報道される場合や、SNS 等による情報拡散がニュースとして報道され
　　る場合等がある。

イ．レピュテーションとは、顧客・株主・投資家・従業員など多様なス
　　テークホルダーによる企業に対する否定的な評価・評判のみをい
　　う。

ウ．インターネット上で企業に対する誹謗中傷が掲載されている場合の
　　対応として、放置（無視）する方法も考えられる。

エ．インターネット上で掲載されている誹謗中傷情報の削除請求をする
　　場合、削除請求の相手方を特定する必要がある。

解説　うわさと風評

ア　適　切。記述の通り。SNS へ等による投稿は、情報拡散のスピードが速いことから、企業は、極めて迅速な対応が求められる。

イ　不適切。レピュテーションとは、顧客・株主・投資家・従業員など多様なステークホルダーによる企業に対する肯定的・否定的な評価・評判である。

ウ　適　切。記述の通り。法的に違法と認められないような意見等については、放置する場合もありうる。

エ　適　切。記述の通り。誹謗中傷等を含む情報の削除請求の相手方は、当該情報が掲載されているサイトの管理者（コンテンツプロバイダ）である。

正解　イ

問題 58. プロバイダ責任制限法に関する以下のアからエまでの記述のうち、最も<u>適切な</u>ものを1つ選びなさい。

ア．特定電気通信とは、不特定の者によって受信されることを目的とする電気通信の送信（公衆によって直接受信されることを目的とする電気通信の送信を含む。）をいう。

イ．大学や地方公共団体は、特定電気通信役務提供者に該当しない。

ウ．発信者とコンテンツプロバイダとの間の通信を媒介する経由プロバイダは、特定電気通信役務提供者に該当する。

エ．電子メール等の1対1の通信は、特定電気通信に該当しないが、多数の者に宛てて同時送信する場合は、特定電気通信に該当する。

解説　　プロバイダ責任制限法

ア　不適切。特定電気通信とは、不特定の者によって受信されることを目的とする電気通信の送信（公衆によって直接受信されることを目的とする電気通信の送信を除く。）をいう（2条1号）。

イ　不適切。特定電気通信役務提供者とは、特定電気通信設備を用いて他人の通信を媒介し、その他特定電気通信設備を他人の通信の用に供する者であるが、営利目的であることは求められていない（2条3号）。したがって、大学や地方公共団体も特定電気通信役務提供者に該当しうる。

ウ　適　切。記述の通り。特定電気通信役務提供者は、インターネット上のウェブサイト等の情報通信に関与する者を広く含むと解されており、サーバ運営者や「コンテンツプロバイダ」（電子掲示板の運営者、ブログの運営者、SNSの運営者のような、コンテンツをユーザに提供する者）だけでなく、発信者とコンテンツプロバイダとの間の通信を媒介する「経由プロバイダ」もこれに該当すると解されている（最判平22・4・8）。

エ　不適切。電子メール等の1対1の通信は、特定電気通信に該当しない。また、多数の者に宛てて同時送信する場合も、1対1の通信が多数集合したものにすぎないため、特定電気通信に該当しない。

正解　ウ

問題 59. プロバイダ責任制限法に関する以下のアからエまでの記述のうち、最も<u>適切ではない</u>ものを 1 つ選びなさい。

ア. サイト管理者等のコンテンツプロバイダに対する削除請求は、プロバイダ責任制限法に基づく送信防止措置の求めとして行う。

イ. 送信防止措置を申し出る方法は、プロバイダ責任制限法に定めがある。

ウ. インターネット上に他人の権利を侵害する情報が流通して、被害者から権利侵害情報の削除の申出があった場合、プロバイダ等は、発信者に当該情報の削除に対して同意するかどうかを照会して 7 日以内に反論がないときは、情報の削除に対する責任を発信者に負わない。

エ. インターネット上に他人の権利を侵害する情報が流通して、被害者から権利侵害情報の削除の申出があった場合、プロバイダ等は、その申出を信じるに足りる相当の理由があるときは、プロバイダ等は情報を削除しても発信者に対する責任を負わない。

解説　プロバイダ責任制限法

ア　適　切。記述の通り。「送信防止措置」は、特定電気通信（インターネット）による情報の流通により自己の権利を侵害されたとする者から、侵害情報の送信を防止する措置を講ずるよう申出（情報の削除請求）を受けた特定電気通信役務提供者（プロバイダ等）が、侵害情報の送信を防止（削除）することである。

イ　不適切。送信防止措置を申し出る方法等は、プロバイダ責任制限法に定めがない。したがって、それぞれの特定電気通信役務提供者が指定する方法に従い、送信防止措置の申出をする。

ウ　適　切。記述の通り（3条2項2号）。プロバイダ責任制限法では、①他人の権利が侵害されていると信じるに足りる相当の理由があったとき、②権利を侵害されたとする者から送信防止措置の申出があったことを発信者に照会し、7日以内に反論がない場合には、プロバイダ等は、送信防止措置により情報の発信者に生じた損害については、損害賠償責任を負わないと定められている（3条2項）。

エ　適　切。記述の通り。もっとも、プロバイダ責任制限法3条は、プロバイダ等の発信者に対する免責を定める規定であり、プロバイダ等に対して送信防止措置を講ずることを義務付ける規定ではないから、申出に対するプロバイダ等の任意の対応を待つことにならざるを得ない。

正解　イ

問題 60. 特定電気通院による情報の流通によって自己の権利を侵害されたとする者の特定電気通信役務提供者に対する「発信者情報開示請求」に関する以下のアからエまでの記述のうち、最も<u>適切ではない</u>ものを1つ選びなさい。

ア. 被害者が発信者情報開示請求をするためには、①請求をする者が侵害されたことが明らかであること、②開示請求をする者の損害賠償講師のために必要である場合その他開示を受けるべき正当な理由があることのどちらかの要件を満たす必要がある。

イ. 発信者情報開示請求とは、特定電気通信による情報の流通によって自己の権利を侵害されたとする者がプロバイダ等に対し、発信者情報の開示を請求することである。

ウ. 発信者情報開示請求する者は、発信者情報開示請求権に基づく訴訟を提起することの他に仮処分決定の申立てをすることができる。

エ. 発信者情報開示請求により、開示される発信者情報として、発信者のメールアドレスや侵害情報が送信された年月日及び時刻などが挙げられる。

解説 発信者情報開示請求

ア 不適切。被害者が発信者情報開示請求をするためには、①請求をする者が侵害されたことが明らかであること、②開示請求をする者の損害賠償講師のために必要である場合その他開示を受けるべき正当な理由があることのいずれの要件を満たす必要がある（5条1項）。

イ 適 切。記述の通り（5条）。インターネット上の誹謗中傷への対応としては、情報の削除請求（送信防止措置の申出）をするほかに、情報の発信者を突き止めて、差止請求や損害賠償請求をすることが考えられる。そのために、プロバイダ責任制限法による発信者情報開示請求を行う。

ウ 適 切。記述の通り。送信防止措置の申出（3条2項）の場合と異なり、発信者情報開示請求は「請求」という用語を用いていることから、プロバイダ等が任意に開示しない場合には、訴訟等による権利の実現ができるものと解されている。

エ 適 切。記述の通り（5条1項、特定電気通信役務提供者の損害賠償責任の制限及び発信者情報の開示に関する法律第4条第1項の発信者情報を定める省令）。そのほかに、発信者その他侵害情報の送信に係る者の氏名又は名称や住所等が発信者情報として開示される。

正解 ア

問題 61. 会社法が定める会計についての義務等に関する以下のアからエまでの記述のうち、最も<u>適切ではない</u>ものを1つ選びなさい。

ア. 株式会社の会計は、一般に公正妥当と認められる企業会計の慣行に従うものとされている。

イ. 合同会社は、法務省令で定めるところにより、貸借対照表を公告しなければならない。

ウ. 裁判所は、申立てにより、訴訟の当事者に対し、会計帳簿の全部又は一部の提出を命ずることができるが、職権によって会計帳簿の提出を命ずることもできる。

エ. 株式会社が会計帳簿や事業報告等に記載すべき事項を記載しなかった場合、当該株式会社の役員等は責任を負うことがある。

解説　会社法が定める会計

ア　適　切。記述の通り（431条）。会計について定めるべきルールは膨大であり、変化も早いことから、株式会社の会計は一般に公正妥当と認められる企業会計の慣行に従うものと規定された。

イ　不適切。株式会社は、法務省令で定めるところにより、定時株主総会の終結後遅滞なく、貸借対照表（大会社にあっては、貸借対照表及び損益計算書）を公告しなければならない（440条1項）。当該規定の対象は株式会社であって、合同会社について公告義務の規定は明記されていない。

ウ　適　切。記述の通り（434条）。なお、株主による会計帳簿閲覧請求も認められている（433条）。

エ　適　切。記述の通り。役員等は刑事罰（976条7号）や会社または第三者に対する損害賠償責任を負担する（423条1項、429条1項、2項1号ロ）。

正解　イ

問題 62. 会社法が定める会計に関する以下のアからエまでの記述のうち、最も
　　　　適切なものを１つ選びなさい。

ア．株式会社の親会社社員は、その権利を行使するため必要があるとき
　　は、裁判所の許可を得て、当該株式会社の計算書類等について閲覧
　　の請求をすることができる。

イ．総株主（株主総会において決議をすることができる事項の全部につ
　　き議決権を行使することができない株主を除く。）の議決権の 100 分
　　の３（これを下回る割合を定款で定めた場合にあっては、その割
　　合）以上の議決権を有する株主は、株式会社の営業時間内であれ
　　ば、いつでも、会計帳簿の閲覧を請求をすることができるが、当該
　　請求の理由を明らかにする必要はない。

ウ．取締役会設置会社は、計算書類及び事業報告並びにこれらの附属明
　　細書について、株主総会の承認を受けなければならない。

エ．株式会社は、会計帳簿の閉鎖の時から５年間、その会計帳簿及びそ
　　の事業に関する重要な資料を保存しなければならない。

解説 会社法が定める会計

ア 適 切。記述の通り（442条4項）。親会社は、子会社の経営を支配している以上、子会社の業務執行の適正を確保する必要があるため、その手段として親会社社員による子会社の計算書類等閲覧請求が認められる。

イ 不適切。総株主（株主総会において決議をすることができる事項の全部につき議決権を行使することができない株主を除く。）の議決権の100分の3（これを下回る割合を定款で定めた場合にあっては、その割合）以上の議決権を有する株主は、株式会社の営業時間内であれば、いつでも、会計帳簿の閲覧を請求をすることができる。この場合、当該請求の理由を明らかにしてしなければならない（433条）。

ウ 不適切。取締役会設置会社は、計算書類及び事業報告並びにこれらの附属明細書について、取締役会の承認を受けなければならない（436条3項）。

エ 不適切。株式会社は、適時に、正確な会計帳簿を作成しなければならず（432条1項）、会計帳簿の閉鎖の時から10年間、その会計帳簿及びその事業に関する重要な資料を保存しなければならない（同条2項）。

正解 ア

問題 63. 金融商品取引法に関する以下のアからエまでの記述のうち、最も<u>適切</u><u>ではないもの</u>を１つ選びなさい。

ア．有価証券報告書とは、株式を発行する上場企業などが開示する企業情報をいい、開示される情報は、企業の概況、財務諸表などである。

イ．有価証券報告書等に重要な虚偽記載や記載すべき重要な事実の不記載がある場合、内閣総理大臣は発行者に対し、課徴金の納付を命じる。

ウ．課徴金制度は、証券市場の公正性や透明性を確保し、投資者の信頼が得られる市場を確立するために、金融商品取引法の実行性を確保するための行政上の措置である。

エ．金融商品取引法に基づく有価証券届出書や四半期報告書などの開示制度を適時開示制度という。

解説　　金融商品取引法

ア　適　切。記述の通り。有価証券報告書の開示は、企業外部の投資家に企業の状況を知ってもらい、投資判断が適切に行えることを目的としている。

イ　適　切。記述の通り（172条の4）。有価証券報告書の虚偽記載・重要事実不記載の課徴金は、600万円または時価総額の0.006%（10万分の6）のいずれか高い方である（172条の4第1項）。

ウ　適　切。記述の通り。金融商品取引法の下では、不公正取引・開示義務違反の基本的類型はすべて課徴金の対象となっている。

エ　不適切。金融商品取引法に基づく有価証券届出書や四半期報告書などの開示制度は、適時開示制度ではなく、法定開示制度という。適時開示制度とは、金融商品取引所（証券取引所）の規則により、重要な会社情報を上場会社から投資者に提供する制度であり、適時開示による情報提供は金融商品市場における売買に大きな影響を及ぼすから、投資者にとって、適時開示は非常に重要なものとなっている。

正解　エ

問題 64. インサイダー取引に関する以下のアからエまでの記述のうち、最も<u>適</u>
　　　　<u>切な</u>ものを 1 つ選びなさい。

　　ア．インサイダー取引とは、規制の対象者が会社の重要な事実を知って
　　　　いるか否かにかかわらず、その情報が公表される前にその会社の株
　　　　券などを売買することをいう。

　　イ．インサイダー取引において最も重要な違反事項は、公表されていな
　　　　い株価に影響を与える重要事実を知ったうえで、株式などの特定有
　　　　価証券の売買を行う点にあり、インサイダー取引で利益を得たかど
　　　　うかで判断されるものではない。

　　ウ．会社の内部者とは、上場企業の役員や従業員等のことをいい、退職
　　　　者は含まれない。

　　エ．情報受領者は大きく分けて 2 つに分類されているが、いわゆる第 2
　　　　次情報受領者もインサイダー取引の規制対象である。

解説　インサイダー取引

ア　不適切。インサイダー取引とは、規制の対象者が会社の重要な事実を知り、その情報が公表される前にその会社の株券などを売買することをいう。

イ　適　切。記述の通り。証券市場において詐欺的行為を放置することは、投資者の信頼を大きく損なうおそれがある以上、投資者の信頼を維持し、証券市場の公正性・健全性を確保するために、インサイダー取引自体を取り締まる必要がある。

ウ　不適切。会社の内部者とは、上場企業の役員や従業員等のことをいう。また、これらの人たちが退職後1年以内の場合も含まれる。

エ　不適切。情報受領者は、重要事実を伝えられた人と、その人から資料を閲覧させてもらった人（第1次情報受領者）と、第1次情報受領者から重要事実を伝達された人（第2次情報受領者）に分類されているが、第2次情報受領者はインサイダー取引の規制対象ではない。

正解　イ

問題 65. 取締役等の特別背任罪（会社法 960 条）に関する以下のアからエまで
の記述のうち、最も<u>適切ではない</u>ものを１つ選びなさい。

ア．特別背任罪とは、取締役等が自己もしくは第三者の利益を図り、ま
たは株式会社に損害を加える目的で、その任務に背く行為をし、当
該株式会社に財産上の損害を加えた場合の背任罪である。

イ．回収見込みがない会社への貸付や法令・定款等に反した不当な貸付
は、特別背任罪に該当する行為である。

ウ．取締役が、第三者の利益を図る目的で、その任務に背く行為をし、
当該株式会社に財産上の損害を加えたときは特別背任罪が成立する
が、会計参与が、第三者の利益を図る目的で、その任務に背く行為
をし、当該株式会社に財産上の損害を加えた場合であっても、特別
背任罪は成立しない。

エ．特別背任罪の法定刑は、10 年以下の懲役もしくは 1,000 万円以下の
罰金に処し、又はこれを併科する。

解説　取締役等の特別背任罪

ア　適　切。記述の通り（960 条）。背任罪の保護法益は、委託関係と財産であり、委託関係と財産の侵害が惹起された場合に背任罪が成立する。

イ　適　切。記述の通り。背任罪における「任務に背く行為」とは、誠実な事務処理者としてなすべきものと法的に期待されるところに反する行為をいい、「任務に背く行為」の有無を判断するに際しては、法令・通達、定款、内規、さらには契約等が重要な基準となる。

ウ　不適切。取締役が、第三者の利益を図る目的で、その任務に背く行為をし、当該株式会社に財産上の損害を加えたときは特別背任罪が成立する（960 条 1 項 3 号）。また、支配人が、第三者の利益を図る目的で、その任務に背く行為をし、当該株式会社に財産上の損害を加えた場合も、特別背任罪が成立する（会社法 960 条 1 項 5 号）。

エ　適　切。記述の通り（960 条）。特別背任罪は、取締役等という身分があるために通常の背任罪（刑法 247 条）よりも刑が加重される犯罪類型である。

正解　ウ

問題 66. 利益相反取引の制限（会社法 356 条、365 条）に関する以下のアから
エまでの記述のうち、最も<u>適切な</u>ものを 1 つ選びなさい。

ア．取締役等の承認手続きを経て取締役が利益相反取引をし、当該利益
相反取引によって会社に損害が生じた場合、承認決議に賛成した取
締役等は、任務を怠ったものとみなす。

イ．取締役等の承認手続きを経て取締役が利益相反取引をし、当該利益
相反取引によって会社に損害が生じた場合、利益相反取引をした取
締役は、損害賠償責任を負わない。

ウ．取締役は、利益相反取引をする場合には、取締役会等において、当
該取引につき重要な事実を開示し、その承認を受けなければならな
い。

エ．取締役会設置会社である取締役は、自己又は第三者のために株式会
社の事業の部類に属する取引をした場合、当該取引後、7 日以内に、
当該取引についての重要な事実を取締役会に報告しなければならな
い。

解説 利益相反取引の制限

ア　不適切。　取締役等の承認手続きを経て取締役が利益相反取引をし、当該利益相反取引によって会社に損害が生じた場合、承認決議に賛成した取締役等は、任務を怠ったものと推定する（423条3項）。

イ　不適切。　利益相反取引によって会社に損害が生じた場合は、取締役の承認等の手続きを経ているか否かにかかわらず、利益相反取引をした取締役は損害賠償責任を負う（423条1項）。取締役は善管注意義務（330条、民法644条）及び忠実義務（355条）を負担し、当該義務に違反すれば、損害賠償責任が認められる。

ウ　適　切。　記述の通り（356条1項）。356条1項は、会社の利益を犠牲にし、自己又は第三者の利益を図るのを防止し、業務執行の適正を確保するために規定された。

エ　不適切。　取締役会設置会社である取締役は、自己又は第三者のために株式会社の事業の部類に属する取引をした場合、当該取引後、遅滞なく、当該取引についての重要な事実を取締役会に報告しなければならない。

正解　ウ

問題 67. 利益相反取引（会社法 356 条、365 条）に関する以下のアからエまで
の記述のうち、最も適切ではないものを 1 つ選びなさい。

ア．取締役の業務執行につき、その決定の過程、内容に著しく不合理な
点がない限り、取締役としての善管注意義務に違反するものではな
く、任務懈怠が認められない。

イ．A 社と B 社（いずれも取締役会設置会社）の代表取締役を兼ねる者
が、A 社の第三者に対する債務を、B 社を代表して保証する場合、B
社取締役会の承認を要する。

ウ．利益相反取引によって株式会社に損害が生じた場合、利益相反取引
をした取締役や取締役会の承認決議に賛成した取締役は、自ら任務
を怠っていないことの証明責任を負う。

エ．利益相反取引によって株式会社に損害が生じた場合、自己のために
直接取引をした取締役の会社に対する損害賠償責任は、株主総会の
特別決議によって一部免除できる。

解説　利益相反取引

ア　適　切。記述の通り。取締役は、その経営判断について広い裁量が認められており、判断の過程、内容に著しく不合理な点がない限り、善管注意義務違反にはならないことを「経営判断の原則」という。経営判断の原則により、取締役に善管注意義務違反が認められない以上、当該取締役には任務懈怠がないこととなり、その結果、会社または第三者に対する損害賠償責任を負担しないことになる（423条・429条）。なお、経営判断の原則は、故意の法令違反行為や利益衝突が問題となる場合には適用されない。

イ　適　切。記述の通り。利益相反取引における間接取引として、B社取締役会の承認を要する（365条1項、356条1項3号。最判昭45・4・23）。

ウ　適　切。記述の通り。利益相反取引によって会社に損害が生じた場合は、利益相反取引をした取締役や承認決議に賛成した取締役等は、その任務を怠ったものと推定すると定められているので（会社法423条3項）、利益相反取引によって会社に損害が生じた場合には、利益相反取引を行った取締役や取締役会での承認決議に賛成した取締役等は、自らに落ち度がなかったことを証明できなければ、任務懈怠責任を負うことになる。なお、自己のために直接取引をした取締役については、自らに落ち度がないことを証明したとしても、任務懈怠責任を免れないとされている（428条）。

エ　不適切。自己のために直接取引をした取締役の会社に対する損害賠償責任は、株主総会の特別決議によって一部免除できない（428条2項、425条）。

正解　エ

問題 68. 業務上過失致死傷罪（刑法 211 条）に関する以下のアからエまでの記述のうち、最も<u>適切ではない</u>ものを 1 つ選びなさい。

ア. 業務上過失致死傷罪の主体は自然人であり、法人は業務上過失致死傷罪の主体ではない。

イ. 初めてする行為であっても、反復・継続の意思がある限り、業務上過失致死罪における業務に該当する。

ウ. 業務上過失致死傷罪における業務上の行為に、私生活上の行為は含まれない。

エ. 業務上過失致死傷罪は、直接行為者だけでなく、管理・監督の責任を負う役員も同罪の主体として処罰できる場合がある。

解説　業務上過失致死傷罪

ア　適　切。記述の通り。法人は業務上過失致傷罪で処罰することができない。また、刑法には両罰規定が存在しないため、直接行為者に業務上過失致死傷罪が成立し、業務上過失致死傷罪の行為が法人雇用主の業務に関連して行われた場合であっても、当該法人を業務上過失致死傷罪で処罰することはできない。

イ　適　切。記述の通り。業務上過失致死罪の業務とは、人が社会生活上の地位に基づき反復・継続して行う行為であって、他人の生命・身体等に危害を加えるおそれがあるものをいうが、反復・継続の意思がある限り、初めてする行為でも業務に該当する（福岡高判 昭38・3・29）。

ウ　不適切。業務上過失致死傷罪における業務上の行為とは、人が社会生活上の地位に基づき反復・継続して行う行為であり、他人の生命・身体に危害を加えるおそれのあるものでなければならないとされている。このような行為であれば、職業上の行為だけではなく、私生活における行為も含まれる

エ　適　切。記述の通り。管理・監督過失とは、安全な物的・人的予防体制（危機管理体制）を構築することを怠った過失（管理過失）と、業務上過失致死傷の過失行為を行った直接行為者を指導・指揮・監督する立場にあった監督者の過失（監督過失）をいう。管理・監督過失が認められた事例としては、消防法上の管理権原者である代表取締役等の経営の最高責任者や、防火管理者であった上級管理者に対して、業務上過失致死傷罪の成立を認めた裁判例がある（最決平2・11・16 川治プリンスホテル事件、最決平2・11・29 千日デパート事件）。

正解　ウ

問題 69. 安全配慮義務に関する以下のアからエまでの記述のうち、最も<u>適切で</u><u>はない</u>ものを１つ選びなさい。

ア．労働基準法では、「使用者は、労働契約に伴い、労働者がその生命、身体等の安全を確保しつつ労働することができるよう、必要な配慮をするものとする。」と定め、使用者の安全配慮義務を明らかにしている。

イ．具体的な安全配慮義務の内容における物的施設の管理を十全に行う義務の例として、防犯設備を施すことが考えられる。

ウ．具体的な安全配慮義務の内容における人的施設の管理を十全に行う義務の例として、労働者の労働時間（過重労働になっていないか等）を把握することが考えられる。

エ．安全配慮義務は、雇用関係にある場合に限らず、被害者と一定の社会的接触関係にある事業者に対して認められている。

解説　安全配慮義務

ア　不適切。労働契約法5条では、「使用者は、労働契約に伴い、労働者がその生命、身体等の安全を確保しつつ労働することができるよう、必要な配慮をするものとする。」と定め、使用者の安全配慮義務を明らかにしている。

イ　適　切。記述の通り。安全配慮義務の内容は、「労働者の職種、労務内容、労務提供場所等安全配慮義務が問題となる当該具体的状況等によって異なる」とされており（最判昭59・4・10宿直員殺害事故事件）、物的施設の管理を十全に行う義務の具体例として、本肢のほかに安全装置の設置や整備点検の十分な実施などがある。

ウ　適　切。記述の通り。人的施設の管理を十全に行う義務の具体例として、本肢のほかに安全教育の実施や不安全行動に対する適切な注意・指導などがある。

エ　適　切。記述の通り。安全配慮義務は「ある法律関係に基づいて特別な社会的接触の関係に入った当事者間において信義則上負う義務」（最判昭50・2・25陸上自衛隊八戸車両整備工場事件）とされており、雇用関係にある場合に限らず、被害者と一定の社会的接触関係にある事業者に対して安全配慮義務が認められている。

正解　ア

問題 70. 労働安全衛生法による処罰に関する以下のアからエまでの記述のうち、最も<u>適切ではない</u>ものを 1 つ選びなさい。

ア. 労働安全衛生法は、事業主に対し、労働者の危険または健康障害を防止するための措置を講じる義務を課し、義務に違反した事業主は、6 か月以下の懲役または 50 万円以下の罰金に処せられる。

イ. 建設業その他政令で定める業種に属する事業の仕事で、政令で定めるものを行う事業者は、爆発、火災等が生じたことに伴い労働者の救護に関する措置がとられる場合における労働災害の発生を防止するため、労働者の救護に関し必要な事項についての訓練を行うなどの措置を講じなければならない。

ウ. 事業者は、労働者が墜落するおそれのある場所、土砂等が崩壊するおそれのある場所等に係る危険を防止するため必要な措置を講じなければならない。

エ. 事業者の講ずべき措置等として、機械、器具その他の設備による危険防止するため必要な措置が挙げられるが、当該規定の対象は建設業の事業者に限られる。

解説　労働安全衛生法による処罰

ア　適　切。　記述の通り。25条の2条第2項違反の場合は50万円以下の罰金
　　　　　　となる（120条1号）。

イ　適　切。　記述の通り（25条の2第3号）。建設業等の事業の場合における
　　　　　　事業主が講ずべき措置として、本肢のほかに①労働者の救護に
　　　　　　関し必要な機械等の備付け及び管理を行うこと、②労働者の救
　　　　　　護に関し必要な事項についての訓練を行うことがある。

ウ　適　切。　記述の通り（21条2項）。事業主が講ずべき危険を防止するため
　　　　　　の措置として、本肢のほかに掘削、採石、荷役、伐木等の業務
　　　　　　における作業方法から生ずる危険もある（21条1項）。

エ　不適切。　事業主は、機械、器具その他の設備による危険防止するため必要
　　　　　　な措置を講じなければならないが、当該規定は建設業の事業者
　　　　　　に限られるものではない（20条）。

正解　エ

問題 71. 事故の報告等に関する以下のアからエまでの記述のうち、最も<u>適切で</u><u>はないもの</u>を1つ選びなさい。

ア. 労働安全衛生規則では、火災又は爆発の事故が発生した場合は、遅滞なく、報告書を所轄労働基準監督署長に提出しなければならない旨が明記されている。

イ. 高圧ガス保安法では、高圧ガスを貯蔵する者は、その所有する高圧ガスについて災害が発生したときは、遅滞なく、その旨を都道府県知事又は警察官に届け出なければならない旨が規定されている。

ウ. 消費者基本法では、何人も、生命身体被害の発生又は拡大の防止を図るために事故等原因調査等が必要であると思料するときは、消費者安全調査委員会に対し、その旨を申し出て、事故等原因調査等を行うよう求めることができる旨が規定されている。

エ. 金融商品取引法では、有価証券報告書を提出しなければならない会社は、その会社が発行者である有価証券の募集又は売出しが外国で行われるときは、その内容を記載した報告書を内閣総理大臣に提出しなければならない旨が規定されている。

解説　　事故の報告等

ア　適　切。　記述の通り（労働安全衛生規則 96 条 1 項）。爆発事故・火災事故
　　　　　　　が発生した場合、法定の様式による報告書を所轄労働基準監督
　　　　　　　署長に提出しなければならない。

イ　適　切。　記述の通り（高圧ガス保安法 63 条）。また、消防長または消防署
　　　　　　　長は、関係のある者に対して質問し、または火災の原因である
　　　　　　　疑いがあると認められる製品を製造しもしくは輸入した者に対
　　　　　　　して必要な資料の提出を命じもしくは報告を求めることができ
　　　　　　　る（消防法 32 条）。

ウ　不適切。　消費者安全法では、何人も、生命身体被害の発生又は拡大の防止
　　　　　　　を図るために事故等原因調査等が必要であると思料するときは、
　　　　　　　消費者安全調査委員会に対し、その旨を申し出て、事故等原因
　　　　　　　調査等を行うよう求めることができる旨が規定されている（消
　　　　　　　費者安全法 28 条）。消費者基本ではなく、消費者安全法の規定で
　　　　　　　ある。

エ　適　切。　記述の通り（金融商品取引法 24 条の 5 第 4 項、企業開示令 19 条
　　　　　　　2 項 5 号）。一定の重要事実の発生がその都度開示されず、有価
　　　　　　　総研報告書等による開示を待たなければならないとすると、投
　　　　　　　資者は適切な情報に基づいた投資判断ができなくなる。臨時報
　　　　　　　告書はこのような情報の最新性を確保するものであり、重要な
　　　　　　　災害が発生し、それが止んだ場合は、臨時報告書の提出事由で
　　　　　　　ある。

正解　ウ

問題 72. 個人データの安全管理措置における従業者の監督に関する以下のアからエまでの記述のうち、最も適切ではないものを1つ選びなさい。

ア. 個人情報取扱事業者は、その従業者に個人データを取り扱わせるに当たっては、当該個人データの安全管理が図られるよう、当該従業者に対する必要かつ適切な監督を行わなければならない。

イ. 「従業者」とは、個人情報取扱事業者の組織内にあって直接間接に事業者の指揮監督を受けて事業者の業務に従事している者等をいい、雇用関係にある従業員は含まれるが、取締役、執行役、理事、監査役、監事などは含まれない。

ウ. 内部規程等に違反して個人データが入ったノート型パソコン又は外部記録媒体が繰り返し持ち出されていたにもかかわらず、その行為を放置した結果、当該パソコン又は当該記録媒体が紛失し、個人データが漏えいした場合、従業者に対して必要かつ適切な監督を行っていないといえる。

エ. 従業者が、個人データの安全管理措置を定める規程等に従って業務を行っていることを確認しなかった結果、個人データが漏えいした場合、従業者に対して必要かつ適切な監督を行っていないといえる。

解説　　従業者の監督

ア　適　切。個人情報取扱事業者は、その従業者に個人データを取り扱わせるに当たっては、当該個人データの安全管理が図られるよう、当該従業者に対する必要かつ適切な監督を行わなければならない（個人情報保護法 24 条）。

イ　不適切。「従業者」とは、個人情報取扱事業者の組織内にあって直接間接に事業者の指揮監督を受けて事業者の業務に従事している者等をいい、雇用関係にある従業員のみならず、取締役、執行役、理事、監査役、監事、派遣社員なども含まれ、雇用関係にある従業員に限られない。

ウ　適　切。内部規程等に違反して個人データが入ったノート型パソコン又は外部記録媒体が繰り返し持ち出されていたにもかかわらず、その行為を放置した結果、当該パソコン又は当該記録媒体が紛失し、個人データが漏えいした場合、従業者に対して必要かつ適切な監督を行っていないといえる。

エ　適　切。従業者が、個人データの安全管理措置を定める規程等に従って業務を行っていることを確認しなかった結果、個人データが漏えいした場合、従業者に対して必要かつ適切な監督を行っていないといえる。

正解　イ

問題 73. 個人データの漏えい等の事案が発生した場合等の対応に関する以下の
アからエまでの記述のうち、最も<u>適切な</u>ものを1つ選びなさい。

ア．個人情報取扱事業者は、その取り扱う個人データに係る本人の数が
1,000 人を超える漏えい等が発生し、又は発生したおそれがある事態
が生じたときは、原則として、個人情報保護委員会に対し、当該事
態が生じた旨を報告しなければならない。

イ．個人データの漏えい等事案に係る個人データが高度な暗号化により
秘匿化されている場合であっても、実質的には個人データが外部に
漏えいしているといえるから、当該事案について、個人情報保護委
員会への報告を要する。

ウ．個人情報取扱事業者は、ランサムウェア等によりその取り扱う個人
データが暗号化され、復元できなくなった場合、個人情報保護委員
会に対し、当該事態が生じた旨を報告する必要はない。

エ．個人情報取扱事業者が個人データの取扱いを委託している場合にお
いて、その取り扱う個人データの漏えい等が発生して個人情報保護
委員会への報告対象事態に該当する場合には、原則として、委託先
のみが報告する義務を負う。

解説　個人データの漏えい等の事案が発生した場合等の対応

ア　適　切。個人情報取扱事業者は、その取り扱う個人データに係る本人の数が 1,000 人を超える漏えい等が発生し、又は発生したおそれがある事態が生じたときは、原則として、個人情報保護委員会に対し、当該事態が生じた旨を報告しなければならない（個人情報保護法 26 条 1 項、同法施行規則 7 条 4 号）。

イ　不適切。漏えいの事案に係る個人データ又は加工方法等情報について高度な暗号化等の秘匿化がされている場合は、実質的に個人データが外部に漏えいしていないと判断され、個人情報保護委員会への報告を要しない。

ウ　不適切。個人情報取扱事業者は、ランサムウェア等によりその取り扱う個人データが暗号化され、復元できなくなった場合、原則として、個人情報保護委員会に対し、当該事態が生じた旨を報告しなければならない。

エ　不適切。個人情報取扱事業者が個人データの取扱いを委託している場合においては、委託元と委託先の双方が個人データを取り扱っていることになるため、その取り扱う個人データの漏えい等が発生して個人情報保護委員会への報告対象事態に該当する場合には、原則として委託元と委託先の双方が報告する義務を負う。この場合、委託元及び委託先の連名で報告することができる。なお、委託先が、報告義務を負っている委託元に当該事態が発生したことを通知したときは、委託先は報告義務を免除される。

正解　ア

問題 74. 漏えい事故が発生した場合における従業員の社内処分としての懲戒処分に関する以下のアからエまでの記述のうち、最も<u>適切ではない</u>ものを１つ選びなさい。

ア．懲戒処分とは、使用者が労働者の企業秩序違反行為に対して課す制裁罰である。

イ．戒告・けん責とは、最も軽い懲戒処分の類型である。

ウ．減給とは、賃金を減額する処分であり、減給の制裁を定める場合、減給は１回の額が平均賃金の半額を超えてはならず、総額が一賃金支払時期における賃金の総額の 10 分の１以下でなければならない。

エ．出勤停止とは、出勤を停止し、その間の賃金は支給しない処分であるが、出勤停止 10 年といった長期の処分も認められる。

解説　従業員の社内処分としての懲戒処分

ア　適　切。記述の通り。懲戒処分は、使用者からすれば企業の秩序・利益を維持するために不可欠な制度であるが、労働者にとっては重大な不利益を受ける制度である以上、あらかじめ就業規則において懲戒の種別と懲戒事由を定めておかなければならないとされており、また、懲戒事由に該当する労働者の行為の重大さとの関係で、懲戒処分の内容が不相当に重い場合には、当該懲戒処分は懲戒権の濫用として無効となる（労働契約法15条）。

イ　適　切。記述の通り。戒告は口頭による注意であり、けん責は始末書を提出させて将来を戒める処分である。

ウ　適　切。記述の通り（労働基準法91条）。減給とは、労務遂行上の懈怠や職場規律違反に対する制裁として、本来ならばその労働者が現実になした労務提供に対応して受けるべき賃金額から一定額を差し引くことをいい、減給、過怠金、罰金など名称のいかんを問わない。

エ　不適切。出勤停止とは、出勤を停止し、その間の賃金は支給しない処分であり、出勤停止 10 年といった長期の処分は、公序良俗に反し許されない（民法90条）。

正解　エ

問題 75. 従業員・アルバイト等による犯罪行為に関する以下のアからエまでの
記述のうち、最も<u>適切</u>なものを1つ選びなさい。

ア．業務妨害罪における「業務」には、経済的活動は含まれるが、宗教
活動は含まれない。

イ．信用棄損罪における「信用」に、商品やサービスの品質に対する信
用も含まれない。

ウ．経理担当者が、自ら管理している会社の現金を領得した場合、窃盗
罪が成立する。

エ．銀行の従業員が、不正入手した顧客の預金口座のパスワードを使用
して、職場のパソコンを使って顧客の預金口座から自分の管理する
口座に不正に送金した場合、電子計算機使用詐欺罪が成立する。

解説　従業員・アルバイト等による犯罪行為

ア　不適切。業務妨害罪（刑法 233 条後段）における「業務」には、経済的活
　　　　　　動だけではなく、宗教儀式などの宗教活動も「業務」に含まれる。

イ　不適切。信用毀損罪（刑法 233 条前段）における「信用」は、基本的には、
　　　　　　支払能力や資産などの経済的な信用を意味するが、それに限定さ
　　　　　　れず、商品やサービスの品質に対する信用も含まれる。

ウ　不適切。窃盗罪（刑法 235 条）は、他人の占有（管理）にある他人の財物
　　　　　　（物）を領得する罪である。経理担当者が自ら管理している現金
　　　　　　は、保管権限を有する従業員の占有下にあるため、窃盗罪ではな
　　　　　　く業務上横領罪が成立する（刑法 253 条）。

エ　適　切。記述の通り（刑法 246 条の 2）。以前は、拾得・窃取したキャッ
　　　　　　シュカードを使用して現金自動支払機において現金を引き出せば、
　　　　　　銀行に対する窃盗罪が成立するが、他の銀行口座に振替送金した
　　　　　　ときには、窃盗罪は成立せず不可罰となり、処罰の間隙が生じて
　　　　　　いた。このような処罰の間隙を埋めるために電子計算機使用詐欺
　　　　　　罪に制定された。

正解　エ

問題 76. 不正競争防止法に関する以下のアからエまでの記述のうち、最も<u>適切</u>
<u>ではない</u>ものを１つ選びなさい。

ア. 不正競争防止法は、事業者間の公正な競争を確保することにより、
国民経済の健全な発展に寄与することを目的とした法律であり、消
費者を保護するための法律ではないが、その性質上、事業者を保護
するとともに、消費者をも保護する側面を有する。

イ. 不正競争によって営業上の利益を侵害され、又は侵害されるおそれ
がある者は、その営業上の利益を侵害する者又は侵害するおそれが
ある者に対し、損害賠償又は損害賠償の担保を請求することができ
る。

ウ.「営業秘密」とは、秘密として管理されている生産方法、販売方法そ
の他の事業活動に有用な技術上又は営業上の情報であって、公然と
知られていないものをいい、秘密管理性要件が満たされるためには、
営業秘密保有企業の秘密管理意思が秘密管理措置によって従業員等
に対して明確に示され、当該秘密管理意思に対する従業員等の認識
可能性が確保される必要がある。

エ. 営業秘密について営業秘密不正取得行為が介在したことを知って、
もしくは重大な過失により知らないで営業秘密を取得し、又はその
取得した営業秘密を使用し、もしくは開示する行為は、「不正競争」
にあたる。

解説　　不正競争防止法

ア　適　切。不正競争防止法は、事業者間の公正な競争を確保することにより、国民経済の健全な発展に寄与することを目的とした法律であり（１条）、消費者を保護するための法律ではないが、「表示規制」も定めていることから、その性質上、事業者を保護するとともに、消費者をも保護する側面を有する。

イ　不適切。故意又は過失により不正競争を行って他人の営業上の利益を侵害した者に対して損害賠償請求をすることができるが（４条）、不正競争防止法上、現実に損害が発生していない段階では、営業上の利益を侵害されるおそれがあることを理由に損害賠償の担保の請求を認める規定は存在しない。

ウ　適　切。記述の通り（２条６項、「営業秘密ガイドライン」）。「営業秘密」は、①秘密管理性、②有用性、③非公知性がその要件となる。秘密管理性は、その企業が情報をどのように管理していたかに関わる問題であり、裁判所の判断が出るまでは、秘密管理性が認められるかを企業が確信を持って判断できないのがほとんどである。これに関連して、経済産業省は、営業秘密指針を公表し、秘密管理性が認められるための情報管理のあり方を示している。

エ　適　切。記述の通り（２条１項５号）。不正競争防止法で保護されるべき情報は「営業秘密」に限定されており、「営業秘密」に必ずしも該当しない情報の流出は、不正競争防止法によって捕捉することができない。

正解　イ

問題 77. バイトテロに関する以下のアからエまでの記述のうち、最も<u>適切ではないもの</u>を１つ選びなさい。

ア. バイトテロは、発生した店舗だけでなく、本社にも苦情が殺到したり、企業グループや同業者全体に対する社会的なイメージダウンを引き起こす場合がある。

イ. Twitter などの SNS（ソーシャル・ネットワーキング・サービス）が社会に浸透してからは、IT リテラシーが低くネットに不慣れな者が悪ふざけで反社会的行為を SNS に投稿し、写真や動画から確認できるわずかな情報から投稿者に関する情報が特定されて炎上するケースが増加している。

ウ. バイトテロの行為者は、当該バイトテロによって損害を被った使用者から損害賠償を請求されることがある。

エ. バイトテロの予防策として、使用者が労働者によるソーシャルメディアの利用・投稿を、勤務時間内外を問わず一般的に禁止することが重要であると考えられる。

解説　　バイトテロ

ア　適　切。バイトテロとは、飲食店や小売店等の従業員が、勤務先の商品・材料や什器・備品を使用して悪ふざけをしている画像や動画を撮影して SNS に投稿することによって「炎上」する現象である。バイトテロは、発生した店舗等だけでなく、本社にも苦情が殺到したり、企業グループや同業者全体に対する社会的なイメージダウンを引き起こす場合がある。

イ　適　切。SNS が社会に浸透してからは、IT リテラシーが低くネットに不慣れな者が悪ふざけで反社会的行為を SNS に投稿し、写真や動画から確認できるわずかな情報から投稿者に関する情報が特定されて炎上するケースが増加しており、社会問題化している。

ウ　適　切。バイトテロの行為者は、当該バイトテロによって損害を被った使用者から損害賠償を請求される事例もみられる。

エ　不適切。ソーシャルメディアへの投稿は、労働者の私生活上の行為として行われることが多く、表現の自由（憲法 21 条）の領域でもあることから、バイトテロの予防策として、使用者が労働者によるソーシャルメディアの利用・投稿を、勤務時間内外を問わず一般的に禁止することはできない。そこで、バイトテロの予防策としては、ソーシャルメディアの利用・投稿は禁止しないものの、「SNS の利用に際しては法令や就業規則を遵守しなければならない」「勤務時間中に指摘に SNS を利用しない」「SNS の利用により会社の名誉・信用等を害することのないように留意する」などの条項を就業規則の服務規律に定めたり、個別に労働者から誓約書を取り付けることによって、労働者のソーシャルメディアリテラシーを高めるよう努めることが考えられる。

正解　エ

問題 78. 私生活上の犯罪行為に関する以下のアからエまでの記述のうち、最も適切ではないものを1つ選びなさい。

ア．痴漢撲滅に取り組む鉄道会社の従業員が、休日に他社の鉄道車両内で女子高生に対する痴漢行為で逮捕された事例で、以前にも数回、同様の事件で逮捕されていたことがわかったことから、会社が懲戒解雇した処分を有効とした裁判例がある。

イ．企業外の政治活動に参加して逮捕・起訴され、罰金刑を受けた労働者を懲戒解雇した事例で、企業の社会的価値の毀損をもたらすものでなくても、懲戒解雇の事由とするには十分であるとして、当該懲戒解雇を有効とした裁判例がある。

ウ．貨物自動車運送事業のセールスドライバーとして勤務していた労働者の酒気帯び運転について、懲戒解雇を有効とした裁判例がある。

エ．郵便事業社で勤務する労働者の酒気帯び運転、物損事故、不申告での立ち去りについて、懲戒解雇を有効とした裁判例がある。

解説　私生活上の犯罪行為

ア　適　切。記述の通り（東京高判平 15・12・11）。労働者の私生活上の行為は労働者の自己決定に委ねられるべきであるから、就業規則や労働契約によって労働者の私生活上の行為を過度に規制することがあってはならない。他方で、労働者は、労働契約の存続中は、労働契約に付随する信義則上の義務として、使用者の名誉・信用を棄損しないなど誠実に行動することが要請されると解されている（誠実義務）。そこで、従業員の私生活上の行為については、企業の事業活動に直接関連するものや企業の社会的価値の毀損をもたらすものなど企業秩序に関係するものに限り、懲戒の対象となると解されている。

イ　不適切。企業外の政治活動に参加して逮捕・起訴され、罰金刑を受けた労働者を懲戒解雇した事例で、懲戒解雇の事由とするには不十分であるとして、当該懲戒解雇を無効とした（最判昭 49・3・5）。

ウ　適　切。記述の通り（東京地判平 19・8・27）。酒気帯び運転があれば、社会から厳しい批判を受け、これが直ちに貨物自動車運送事業者の社会的評価の低下に結びつき、企業の円滑な運営に支障をきたすおそれがあり、これは事故を発生させたり報道された場合、行為の反復継続等の場合に限らないとして、懲戒解雇を有効としている。

エ　適　切。記述の通り（東京地判平 25・3・26）。労働者の酒気帯び運転、物損事故、不申告での立ち去りという一連の行為は、交通法規や社内での警告を無視したものであって、労働者は、自動車等により集配業務等を行うことを主たる事業とする郵便事業社の社員としての適格を欠くというべきであるとして、懲戒解雇を有効としている。

正解　イ

問題 79. 使用者責任に関する以下のアからエまでの記述のうち、最も<u>適切では
ないもの</u>を１つ選びなさい。

ア．ある事業のために他人を使用する者は、被用者がその事業の執行に
ついて第三者に加えた損害を賠償する責任を負うが、使用者が被用
者の選任及びその事業の監督について相当の注意をしたとき、又は
相当の注意をしても損害が生ずべきであったときは、使用者は損害
賠償責任を負わない。

イ．被用者がその事業の執行について第三者に加えた損害を賠償した場
合、被用者は、原則として、使用者に対して求償することはできな
い。

ウ．使用者責任が成立するためには、使用者が被用者を使用するという
関係が存在しなければならないが、このような関係は必ずしも雇用
関係にある必要はなく、実質的にみて使用者が被用者を指揮監督す
べき関係であれば足りる。

エ．使用者責任が認められるためには、被用者が不法行為の一般的成立
要件を備えていることが必要である。

解説　使用者責任

ア　適　切。ある事業のために他人を使用する者は、被用者がその事業の執行
　　　　　　について第三者に加えた損害を賠償する責任を負う。ただし、使
　　　　　　用者が被用者の選任及びその事業の監督について相当の注意をし
　　　　　　たとき、又は相当の注意をしても損害が生ずべきであったときは、
　　　　　　使用者は損害賠償責任を負わない（民法 715 条 1 項）。

イ　不適切。被用者がその事業の執行について第三者に加えた損害を賠償した
　　　　　　場合、被用者は、損害の公平な分担の見地から相当と認められる
　　　　　　額について、使用者に求償することができる（最判令 2・2・
　　　　　　28）。

ウ　適　切。使用者責任が成立するためには、使用者が被用者を使用するとい
　　　　　　う関係が存在しなければならないが、「雇用関係」が存在する必
　　　　　　要はない。実質的にみて使用者が被用者を指揮監督すべき関係が
　　　　　　あれば足りる（最判昭 41・6・10）。

エ　適　切。使用者責任が認められるためには、被用者が不法行為の一般的成
　　　　　　立要件を備えていることが必要である。

正解　イ

問題80. 景品表示法に関する以下のアからエまでの記述のうち、最も<u>適切ではないもの</u>を1つ選びなさい。

ア. 景品表示法は、2009年の消費者庁創設に伴い、将来公正取引委員会の所管であったが、2023年現在は消費者庁の所管とされている。

イ. 景品表示法に違反する不当表示については、事業者に故意・過失があった場合に限り、景品表示法に基づく措置命令が行われる。

ウ. 景品表示法にいう「事業者」とは、商業、工業、金融業その他の事業を行う者をいう。

エ. 景品表示法にいう「景品類」とは、顧客を誘引するための手段として、その方法が直接的であるか間接的であるかを問わず、くじの方法によるかどうかを問わず、事業者が自己の供給する商品又は役務の取引に付随して相手方に提供する物品、金銭その他の経済上の利益であって、内閣総理大臣が指定するものをいう。

解説　　景品表示法

ア　適　切。記述の通り。景品表示法は、商品及び役務（サービス）の取引に
　　　　　　関連する不当な景品類及び表示による顧客の誘引を防止するため、
　　　　　　一般消費者による自主的かつ合理的な選択を阻害するおそれのあ
　　　　　　る行為の制限及び禁止について定めることにより、一般消費者の
　　　　　　利益を保護することを目的とする法律である（1条）。

イ　不適切。景品表示法に違反する不当表示については、事業者に故意・過失
　　　　　　がなかったとしても、景品表示法に基づく措置命令が行われる
　　　　　　（7条1項）。

ウ　適　切。記述の通り。「事業者」とは、商業、工業、金融業その他の事業
　　　　　　を行う者をいい、当該事業を行う者の利益のためにする行為を行
　　　　　　う役員、従業員、代理人その他の者は、景品表示法2条2項及び
　　　　　　31条の規定の適用については、これを当該事業者とみなす（2
　　　　　　条1項）。

エ　適　切。記述の通り（2条3項）。なお、正常な商慣習に照らして値引又
　　　　　　はアフターサービスと認められる経済上の利益及び正常な商慣習
　　　　　　に照らして当該取引に係る商品又は役務（サービス）に附属する
　　　　　　と認められる経済上の利益は、「景品類」に含まない（昭37・
　　　　　　6・30公正取引委員会告示第3号）。

正解　イ

問題 81. 景品表示法に関する以下のアからエまでの記述のうち、最も<u>適切では</u><u>ない</u>ものを 1 つ選びなさい。

ア. 内閣総理大臣は、景品表示法の規定による景品類の指定をし、又はその変更もしくは廃止をしようとするときは、内閣府令で定めるところにより、公聴会を開き、関係事業者及び一般の意見を求めるとともに、消費者委員会の意見を聴かなければならない。

イ. 不動産の取引において、消費者を誘引する手段として、実在はするが、取引となり得ない不動産についての表示は、一般消費者に誤認されるおそれのある表示として禁止されている。

ウ. 実際には、コピー用紙の原材料に用いられた古紙パルプの割合（古紙配合率）が 50%程度であるにもかかわらず、あたかも「古紙100%」であるかのように表示することは、有利誤認表示に該当する。

エ. 不当表示には、大きく分けて 3 つの種類がある。

解説　　景品表示法

ア　適　切。記述の通り（3条1項）。内閣総理大臣による景品類の指定、変更・廃止は、告示によって行う（3条2項）。

イ　適　切。記述の通り。 不動産の取引において、消費者を誘引する手段として、実在はするが、取引となり得ない不動産についての表示は、一般消費者に誤認されるおそれのある表示として禁止されている。

ウ　不適切。実際には、コピー用紙の原材料に用いられた古紙パルプの割合（古紙配合率）が50%程度であるにもかかわらず、あたかも「古紙 100%」であるかのように表示することは、有利誤認表示ではなく、優良誤認表示に該当する。

エ　適　切。記述の通り。 不当表示には、①優良誤認表示、②有利誤認表示、③その他誤認されるおそれがあるものとして内閣総理大臣が指定する不当表示の3つの種類がある。

正解　ウ

問題 82. 景品表示法における課徴金制度に関する以下のアからエまでの記述の
うち、最も<u>適切ではない</u>ものを 1 つ選びなさい。

ア. 課徴金対象行為に該当する事実を自主的に消費者長官に報告した事
業者が、所定の要件を充たすときは、原則として、課徴金額の 2 分
の 1 が減額される。

イ. 内閣総理大臣は、課徴金納付命令をしようとするときは、当該課徴
金納付命令の名宛人となるべき者に対し、弁明の機会を与えなけれ
ばならない。

ウ. 課徴金の対象行為は、優良誤認表示、有利誤認表示とされている。

エ. 課徴金対象行為をやめた日から 3 年を経過したときは、内閣総理大
臣は、当該課徴金対象行為に係る課徴金の納付を命ずることができ
ない。

解説　　|景品表示法|

ア　適　切。記述の通り（9条）。事業者が、返金措置の実施に関する計画を
　　　　　作成し、消費者庁長官の認定を受ける等、所定の手続に従って消
　　　　　費者に対して返金措置を行った場合には、消費者庁は、返金相当
　　　　　額を課徴金額から減額するか、返金相当額が課徴金額以上の場合
　　　　　にはその納付を命じない（11条2項）。

イ　適　切。記述の通り（13条）。なお、弁明の機会の付与は、消費者庁が口
　　　　　頭ですることを認めたときを除き、弁明を記載した書面を提出し
　　　　　てするものとする（14条）。

ウ　適　切。記述の通り（8条1項1・2号）。「課徴金対象行為」とは、商
　　　　　品・サービスの取引について、優良誤認表示（5条1号）又は有
　　　　　利誤認表示（5条2号）をする行為である。

エ　不適切。課徴金対象行為をやめた日から5年を経過したときは、内閣総理
　　　　　大臣は、当該課徴金対象行為に係る課徴金の納付を命ずることが
　　　　　できない（12条7項）。

|正解　エ|

問題 83. 一般懸賞における景品類の限度額に関する表中の（　　）に入る最も
　　　　　<u>適切な</u>語句の組合せを、以下のアからエまでのうち１つ選びなさい。

懸賞による取引価額	景品類限度額	
	最高額	総　額
5,000 円未満	取引価額の（　a　）倍	懸賞に係る売上予定総額の（　b　）
5,000 円以上	10 万円	

ア．a．10　　　b．2％

イ．a．10　　　b．5％

ウ．a．20　　　b．2％

エ．a．20　　　b．5％

解説 一般懸賞における景品類の限度額

　本問は、一般懸賞における景品類等の限度額に関する理解を問うものである。一般懸賞の場合は、懸賞による取引価額が 5,000 円未満か 5,000 円以上かで分けて、景品類の額が最高額と総額の両方の以下の限度内でなければならないとされている（景品表示法4条）。

懸賞による取引価額	景品類限度額	
	最高額	総　額
5,000 円未満	取引価額の（a. **20倍**）	懸賞に係る売上予定総額の（b. **2％**）
5,000 円以上	10 万円	

正解　ウ

172

問題84. 食品表示法に関する以下のアからエまでの記述のうち、最も<u>適切な</u>ものを１つ選びなさい。

ア．食品表示法では、酒類に関する定義も明記されている。

イ．「食品」とは、すべての飲食物から、医薬品、医療部外品および添加物を除いたものである。

ウ．食品表示基準では、重篤なアレルギーになりやすい特定原材料（アレルゲン）として、乳、たまご、小麦の３品目を指定し、容器包装への表示義務を課している。

エ．食品表示基準において表示されるべきこととされている原産地（原材料の原産地を含む。）について虚偽の表示がされた食品の販売をした者は、１年以下の懲役又は100万円以下の罰金に処する。

解説　　食品表示法

ア　適　切。記述の通り。「酒類」とは、酒税法2条1項に規定する酒類をいう（2条2項）。

イ　不適切。「食品」とは、すべての飲食物から、医薬品、医療部外品および再生医療等製品を除いたものであり、添加物を含むものである（2条1項）

ウ　不適切。食品表示基準では、重篤なアレルギーになりやすい特定原材料（アレルゲン）として、乳、そば、たまご、エビ、カニ、落花生、小麦、くるみの8品目を指定し、容器包装への表示義務を課している（3条2項、別表第14）。

エ　不適切。食品表示基準において表示されるべきこととされている原産地（原材料の原産地を含む。）について虚偽の表示がされた食品の販売をした者は、2年以下の懲役又は200万円以下の罰金に処する（19条）。

正解　ア

問題 85. 不正競争防止法に関する以下のアからエまでの記述のうち、最も<u>適切</u>ではないものを１つ選びなさい。

ア．不正競争防止法は、事業者間の公正な競争を確保することにより、国民経済の健全な発展に寄与することを目的とした法律である。

イ．不正競争防止法は、商品の原産地、品質、内容、製造方法等や、役務の質、内容、用途、数量等について誤認させるような表示をする行為やそのような表示をした商品を譲渡等する行為を、不正競争行為（誤認惹起行為）として規制している。

ウ．不正競争行為（誤認惹起行為）を理由に差止請求や損害賠償請求ができるのは、競業関係などにある事業者のみならず、誤認惹起表示によって不利益を被った一般消費者もすることができる。

エ．法人の業務に関して誤認惹起行為が行われた場合には、その法人に対して３億円以下の罰金刑が科せられる。

解説　不正競争防止法

ア　適　切。不正競争防止法は、事業者間の公正な競争を確保することにより、国民経済の健全な発展に寄与することを目的とした法律である（1条）。

イ　適　切。不正競争防止法は、商品の原産地、品質、内容、製造方法等や、役務（サービス）の質、内容、用途、数量等について誤認させるような表示をする行為やそのような表示をした商品を譲渡等する行為を、不正競争行為（「誤認惹起行為」）として規制している（2条1項20号）。

ウ　不適切。「営業上の利益を侵害した」とは、たとえば、競業他社などが誤認惹起表示をすることで商品の売上を伸ばし、その結果、自己の商品の売上が減少したり、本来であれば売れたはずの商品が売れなくなったりした場合をいう。したがって、一般的には、誤認惹起行為によって差止請求や損害賠償請求ができるのは、競業関係などにある事業者に限定される。一般消費者が、誤認惹起表示によって不利益を被ったとしても、そのような不利益は営業上の利益の侵害にはあたらないと考えられているため、誤認惹起表示をした事業者に対して、一般消費者が、差止請求や損害賠償請求をすることはできない。

エ　適　切。法人の業務に関して誤認惹起行為が行われた場合には、その法人に対して3億円以下の罰金刑が科せられる（22条）。

正解　ウ

問題86. LGBTに関する以下のアからエまでの記述のうち、最も<u>適切ではない</u>ものを１つ選びなさい。

ア.「トランスジェンダー」とは、こころの性とからだの性が一致しない者をいう。

イ.「性的指向」とは、恋愛感情又は性的感情の対象となる性別についての指向をいう。

ウ. 近年、LGBTに対する人権保障の動きが世界的に広まっているが、同性婚を認めている国は現在のところない。

エ. 令和５年６月には、「性的指向及びジェンダーアイデンティティの多様性に関する国民の理解の増進に関する法律」（LGBT法）が、公布され、即日施行された。

解説　LGBT

ア　適　切。記述の通り。「トランスジェンダー」とは、こころの性とから
　　　　　だの性が一致しない者をいう。

イ　適　切。記述の通り。「性的指向」とは、恋愛感情又は性的感情の対象
　　　　　となる性別についての指向をいう。

ウ　不適切。近年、LGBTに対する人権保障の動きが世界的に広まっている
　　　　　が、ヨーロッパでは多くの国が同性婚を認めている。

エ　適　切。記述の通り。令和5年6月には、「性的指向及びジェンダーア
　　　　　イデンティティの多様性に関する国民の理解の増進に関する法
　　　　　律」（LGBT法）が、公布され、即日施行された。

正解　ウ

問題87. 職場におけるセクシュアルハラスメントに関する以下のアからエまで
の記述のうち、最も<u>適切ではない</u>ものを１つ選びなさい。

ア．男女雇用機会均等法では、セクシュアルハラスメントは、職場にお
いて行われる性的な言動によるものとされる。この場合、「職場」と
は、事業主が雇用する労働者が業務を遂行する場所を指し、取引先
の事務所もこれに含まれる。

イ．「職場」には、労働者が通常就業している場所以外の場所も含まれる
が、顧客の自宅は、たとえ労働者が業務を遂行する場所であって
も、「職場」には含まれない。

ウ．セクシュアルハラスメントにおける「性的な言動」とは、性的な内
容の発言及び性的な行動を指す。

エ．「性的な言動」には、性的な事実関係を尋ねることや、性的な関係を
強要することが挙げられる。また、被害者が拒否していなくても
「性的な言動」に該当する。

解説　職場におけるセクシュアルハラスメント

ア　適　切。記述の通り。男女雇用機会均等法では、セクシュアルハラスメントは、職場において行われる性的な言動　　によるものとされ、「職場」とは、事業主が雇用する労働者が業務を遂行する場所を指し、取引先の事務所もこれに含まれる。

イ　不適切。「職場」には、労働者が通常就業している場所以外の場所も含まれ、顧客の自宅も、労働者が業務を遂行する場所であれば「職場」に含まれる。

ウ　適　切。記述の通り。セクシュアルハラスメントにおける「性的な言動」とは、性的な内容の発言及び性的な行動を指す。

エ　適　切。記述の通り。「性的な言動」には、性的な事実関係を尋ねることや、性的な関係を強要することが挙げられる。また、被害者が拒否していなくても「性的な言動」に該当する。

正解　イ

問題88. 職場におけるセクシュアルハラスメントに関する次の文章の（　　）
　　　　内に入る最も<u>適切な</u>語句の組合せを以下のアからエまでのうち１つ選
　　　　びなさい。

　職場におけるセクシュアルハラスメントには、職場において行われる
性的な言動に対する労働者の対応により当該労働者がその労働条件につ
き不利益を受ける（　a　）セクシュアルハラスメントと、当該性的な
言動により労働者の就業環境が害される（　b　）セクシュアルハラス
メントがある。なお、職場におけるセクシュアルハラスメントには、同
性に対するものが（　c　）。

（厚労省　「事業主が職場における性的な言動に起因する問題に関して雇用管理上
　講ずべき措置等についての指針」）

ア．a．環境型　　　b．対価型　　　c．含まれる

イ．a．対価型　　　b．環境型　　　c．含まれる

ウ．a．環境型　　　b．対価型　　　c．含まれない

エ．a．対価型　　　b．環境型　　　c．含まれない

解説　　職場におけるセクシュアルハラスメント

　本問は、職場におけるセクシュアルハラスメントに関する理解を問うものである。厚生労働省の指針では、セクシュアルハラスメントを①対価型セクシュアルハラスメントと②環境型セクシュアルハラスメントの２類型に分けている。

> 　職場におけるセクシュアルハラスメントには、職場において行われる性的な言動に対する労働者の対応により当該労働者がその労働条件につき不利益を受ける（a.**対価型**）セクシュアルハラスメントと、当該性的な言動により労働者の就業環境が害される（b.**環境型**）セクシュアルハラスメントがある。　なお、職場におけるセクシュアルハラスメントには、同性に対するものが（c.**含まれる**）。

（厚労省　「事業主が職場における性的な言動に起因する問題に関して雇用管理上　講ずべき措置等についての指針」）

正解　イ

問題 89. 男女雇用機会均等法が規定するマタニティハラスメントに関する以下のアからエまでの記述のうち、最も<u>適切ではない</u>ものを1つ選びなさい。

ア．マタニティハラスメントとは、職場において行われるその雇用する女性労働者に対する当該女性労働者が妊娠したこと、出産したこと、産前産後休業その他の妊娠又は出産に関する制度又は措置を利用したことその他の妊娠又は出産に関する事由に関する言動により当該女性労働者の就業環境が害されることをいう。

イ．マタニティハラスメントの対象は、女性労働者であり、派遣労働者などのいわゆる非正規労働者も含まれるが、派遣労働者については、派遣元事業主がマタニティハラスメントに関し事業主が雇用管理上講ずべき措置を講じている場合には、派遣先事業主はかかる措置を講じる必要はない。

ウ．厚生労働省の指針では、マタニティハラスメントを、「制度等の利用への嫌がらせ型」と「状態への嫌がらせ型」の2類型に分けている。

エ．妊娠中の女性労働者及び出産後1年を経過しない女性労働者に対してなされた解雇は、事業主が、当該解雇が妊娠等を理由とする解雇でないことを証明しない限り、無効である。

解説　　マタニティハラスメント

ア　適　切。マタニティハラスメントとは、職場における妊娠、出産等に関するハラスメントをいい、職場において行われるその雇用する女性労働者に対する当該女性労働者が妊娠したこと、出産したこと、産前産後休業その他の妊娠又は出産に関する制度又は措置を利用したことその他の妊娠又は出産に関する事由に関する言動により当該女性労働者の就業環境が害されることをいう（11条の3）。

イ　不適切。マタニティハラスメントの対象は、女性労働者であり、派遣労働者などのいわゆる非正規労働者も含まれる。派遣労働者については、派遣元事業主のみならず、派遣先事業主も、その指揮命令の下に労働させる派遣労働者を雇用する事業主とみなされるため（労働者派遣法47条の2）、自ら雇用する労働者と同様に、マタニティハラスメントに関し事業主が雇用管理上講ずべき措置を講ずる必要がある。

ウ　適　切。厚生労働省の指針（「事業主が職場における妊娠、出産等に関する言動に起因する問題に関して雇用管理上講ずべき措置等についての指針」）では、マタニティハラスメントを、「制度等の利用への嫌がらせ型」と「状態への嫌がらせ型」の2類型に分けている。

エ　適　切。妊娠中の女性労働者及び出産後1年を経過しない女性労働者に対してなされた解雇は、事業主が、当該解雇が妊娠等を理由とする解雇でないことを証明しない限り、無効である（9条4項）。

正解　イ

問題90. 職場における育児休業・介護休業等に関するハラスメントに関する以下のアからエまでの記述のうち、最も<u>適切ではないもの</u>を１つ選びなさい。

ア．職場における育児休業・介護休業等に関するハラスメントとは、職場において行われる、育児休業、介護休業その他子の養育又は家族の介護に関する制度又は措置の申出・利用に関する上司・同僚の言動により、労働者の就業環境が害されることをいう。

イ．労働者が育児休業・介護休業その他子の養育又は家族の介護に関する制度又は措置の申出・利用をしたところ、上司が当該労働者に対し、申出・利用を取り下げるように言うことは、当該上司の言動が１回行われただけであれば、職場における育児休業・介護休業等に関するハラスメントには該当しない。

ウ．育児休業・介護休業その他子の養育又は家族の介護に関する制度又は措置の申出・利用をした労働者の事情やキャリアを考慮して育児休業等からの早期の職場復帰を促すことは、職場における育児休業・介護休業等に関するハラスメントには該当しない。

エ．職場における育児休業・介護休業等に関するハラスメントの保護対象には、女性労働者のみならず、男性労働者も含まれる。

解説　職場における育児休業・介護休業等に関するハラスメント

ア　適　切。職場における育児休業・介護休業等に関するハラスメントとは、職場において行われる、育児休業、介護休業その他子の養育又は家族の介護に関する制度又は措置の申出・利用に関する上司・同僚の言動により、労働者の就業環境が害されることをいう。

イ　不適切。労働者が育児休業・介護休業その他子の養育又は家族の介護に関する制度又は措置の申出・利用をしたところ、上司が当該労働者に対し、申出・利用を取り下げるように言うことは、たとえ当該上司の言動が1回であっても、職場における育児休業・介護休業等に関するハラスメントに該当し得る。

ウ　適　切。労働者が育児休業・介護休業その他子の養育又は家族の介護に関する制度又は措置の申出・利用をしたところ、労働者の事情やキャリアを考慮して育児休業等からの早期の職場復帰を促すことは、申出・利用を阻害することには該当しないのが通常である。ただし、職場復帰のタイミングは労働者の選択に委ねられなければならない。

エ　適　切。職場における育児休業・介護休業等に関するハラスメントの保護対象には、女性労働者のみならず、男性労働者も含まれる。

正解　イ

問題 91. 過労死等に関する以下のアからエまでの記述のうち、最も<u>適切ではな</u>
<u>い</u>ものを 1 つ選びなさい。

ア. 過労死等防止対策推進法における「過労死等」とは、業務における
過重な負荷による脳血管疾患若しくは心臓疾患を原因とする死亡若
しくは業務における強い心理的負荷による精神障害を原因とする自
殺による死亡又はこれらの脳血管疾患若しくは心臓疾患若しくは精
神障害をいう。

イ. 過労死等防止対策推進法は、過労死等に関する調査研究等について
定めることにより、過労死等の防止のための対策を推進し、過労死
等がなく、仕事と生活を調和させ、健康で充実して働き続けること
のできる社会の実現に寄与することを目的とする法律である。

ウ. 過労死等防止対策推進法は、国民の間に広く過労死等を防止するこ
との重要性について自覚を促し、これに対する関心と理解を深める
ため、毎年 11 月を「過労死等防止啓発月間」と定めている。

エ. 過労死した労働者の遺族は、労働災害補償保険法に基づく労災保険
給付の申請をして労災保険給付を受けることができるが、事業主は、
当該労災保険の給付の範囲内で遺族に対する民事上の損害賠償責任
を免れることはできない。

解説 過労死等

ア　適　切。過労死等防止対策推進法における「過労死等」とは、業務における過重な負荷による脳血管疾患若しくは心臓疾患を原因とする死亡若しくは業務における強い心理的負荷による精神障害を原因とする自殺による死亡又はこれらの脳血管疾患若しくは心臓疾患若しくは精神障害をいう（過労死等防止対策推進法2条）。

イ　適　切。過労死等防止対策推進法は、近年、我が国において過労死等が多発し大きな社会問題となっていること及び過労死等が、本人はもとより、その遺族又は家族のみならず社会にとっても大きな損失であることに鑑み、過労死等に関する調査研究等について定めることにより、過労死等の防止のための対策を推進し、もって過労死等がなく、仕事と生活を調和させ、健康で充実して働き続けることのできる社会の実現に寄与することを目的とする法律である（過労死等防止対策推進法1条）。

ウ　適　切。過労死等防止対策推進法は、国民の間に広く過労死等を防止することの重要性について自覚を促し、これに対する関心と理解を深めるため、毎年11月を「過労死等防止啓発月間」と定めている（過労死等防止対策推進法5条1・2項）。

エ　不適切。過労死した労働者の遺族は、労働災害補償保険法に基づく労災保険給付の申請をして労災保険給付を受けることができる。この労災保険給付が行われた場合は、事業主は、当該労災保険の給付の範囲内で、労働基準法で定められた遺族に対する民事上の損害賠償責任を免れることができると解されている（労働基準法84条2項の類推適用）。

正解　エ

問題92.「血管病変等を著しく増悪させる業務による脳血管疾患及び虚血性心
　　　　疾患等の認定基準」に関する以下のアからエまでの記述のうち、最も
　　　　適切ではないものを１つ選びなさい。

ア．発症前の長期間にわたって、著しい疲労の蓄積をもたらす特に過重
　　な業務に就労したことにより発症した脳・心臓疾患は、業務に起因
　　する疾病として取り扱われる。

イ．特に過重な業務とは、日常業務に比較して特に過重な身体的、精神
　　的負荷を生じさせたと客観的に認められる業務をいうものであり、
　　日常業務に就労する上で受ける負荷の影響は、血管病変等の自然経
　　過の範囲にとどまるものであるが、ここでいう日常業務とは、通常
　　の所定労働時間内の所定業務内容をいう。

ウ．著しい疲労の蓄積をもたらす特に過重な業務に就労したと認められ
　　るか否かについては、業務量、業務内容、作業環境等を考慮し、同
　　種労働者にとっても、特に過重な身体的、精神的負荷と認められる
　　業務であるか否かという観点から、客観的かつ総合的に判断され
　　る。

エ．発症前１か月間ないし６か月間にわたって、１か月当たりおおむね
　　80時間を超える時間外労働が認められない場合は、業務と発症との
　　関連性が弱いが、おおむね80時間を超えて時間外労働時間が長くな
　　るほど、業務と発症との関連性が徐々に強まると評価できる。

解説　脳血管疾患及び虚血性心疾患等の認定基準

ア　適　切。発症前の長期間にわたって、著しい疲労の蓄積をもたらす特に過重な業務に就労したことにより発症した脳・心臓疾患は、業務に起因する疾病として取り扱われる。

イ　適　切。特に過重な業務とは、日常業務に比較して特に過重な身体的、精神的負荷を生じさせたと客観的に認められる業務をいうものであり、日常業務に就労する上で受ける負荷の影響は、血管病変等の自然経過の範囲にとどまるものであるが、ここでいう日常業務とは、通常の所定労働時間内の所定業務内容をいう。

ウ　適　切。著しい疲労の蓄積をもたらす特に過重な業務に就労したと認められるか否かについては、業務量、業務内容、作業環境等を考慮し、同種労働者にとっても、特に過重な身体的、精神的負荷と認められる業務であるか否かという観点から、客観的かつ総合的に判断される。

エ　不適切。発症前1か月間ないし6か月間にわたって、1か月当たりおおむね45時間を超える時間外労働が認められない場合は、業務と発症との関連性が弱いが、おおむね45時間を超えて時間外労働時間が長くなるほど、業務と発症との関連性が徐々に強まると評価できる。

正解　エ

問題93.「心理的負荷による精神障害の認定基準」に関する以下のアからエまでの記述のうち、最も<u>適切ではない</u>ものを１つ選びなさい。

ア．心理的負荷による精神障害の認定基準において、対象となる精神障害が業務上の疾病に当たるには、発病前おおむね６か月の間に、業務による強い心理的負荷が認められることが必要である。

イ．心理的負荷の評価に当たっては、発病前おおむね６か月の間に、発病に関与したと考えられるどのような出来事があり、また、その後の状況がどのようなものであったのかを具体的に把握し、その心理的負荷の強度を判断する。その際、精神障害を発病した労働者が、その出来事及び出来事後の状況を主観的にどう受け止めたかによって評価しなければならない。

ウ．発病前おおむね６か月の間に、生死にかかわる、極度の苦痛を伴う、業務上の病気やケガをしたような特別な出来事が認められた場合には、心理的負荷の総合評価を「強」と判断する。

エ．業務による強い心理的負荷は、長時間労働だけでなく、仕事の失敗、過重な責任の発生、役割・地位の変化や対人関係等、様々な出来事及び出来事後の状況によっても生じることから、時間外労働時間数に至らない場合にも、時間数のみにとらわれることなく、心理的負荷の強度を適切に判断しなければならない。

解説　　心理的負荷による精神障害の認定基準

ア　適　切。心理的負荷による精神障害の認定基準において、対象となる精神障害が業務上の疾病に当たるには、発病前おおむね6か月の間に、業務による強い心理的負荷が認められることが必要である。

イ　不適切。心理的負荷の評価に当たっては、発病前おおむね6か月の間に、発病に関与したと考えられるどのような出来事があり、また、その後の状況がどのようなものであったのかを具体的に把握し、その心理的負荷の強度を判断する。その際、精神障害を発病した労働者が、その出来事及び出来事後の状況を主観的にどう受け止めたかによって評価するのではなく、同じ事態に遭遇した場合、同種の労働者が一般的にその出来事及び出来事後の状況をどう受け止めるかという観点から評価しなければならない。

ウ　適　切。発病前おおむね6か月の間に、生死にかかわる、極度の苦痛を伴う、業務上の病気やケガをしたような特別な出来事が認められた場合には、心理的負荷の総合評価を「強」と判断する。

エ　適　切。業務による強い心理的負荷は、長時間労働だけでなく、仕事の失敗、過重な責任の発生、役割・地位の変化や対人関係等、様々な出来事及び出来事後の状況によっても生じることから、時間外労働時間数に至らない場合にも、時間数のみにとらわれることなく、心理的負荷の強度を適切に判断しなければならない。

正解　イ

問題 94. 過労死が疑われる事案に関連する資料の開示に関する以下のアからエ
までの記述のうち、最も適切ではないものを1つ選びなさい。

ア. 過労死が疑われる事案においては、死亡した労働者の遺族から事業
主に対し、労災申請の準備として、または損害賠償請求を検討する
ために、死亡した従業員の勤務状況等に関する資料の開示を求めら
れることがある。

イ. 過労死が疑われる事案において、死亡した労働者の遺族は、労働基
準監督署に対し、事業主が労働基準監督署に提出している当該労働
者に関する資料の開示を請求することができる。

ウ. 事業主は、遺族から死亡した従業員に関する資料の開示を求められ
た場合においては、当該資料に営業秘密や第三者の個人情報が含ま
れているときであっても、原則として、原本のまま遺族に開示しな
ければならない。

エ. 過労死が疑われる事案において、死亡した労働者の遺族が裁判所に
証拠保全を申し立て、証拠保全決定が下された場合には、決定正本
等の送達後1〜2時間後に裁判官や申立代理人(弁護士)らが事業
場を訪問し、決定正本に記載されている証拠の提示を求めて写真撮
影という形で証拠調べが実施されるのが通常である。

解説 　過労死が疑われる事案に関連する資料の開示

ア　適　切。過労死が疑われる事案においては、死亡した労働者の遺族から事業主に対し、労災申請の準備として、または損害賠償請求を検討するために、死亡した従業員の勤務状況等に関する資料の開示を求められることがある。

イ　適　切。事業主が労働基準監督署に提出した書類・資料については、死亡した労働者の遺族から労基署に対し、行政機関個人情報保護法（行政機関の保有する個人情報の保護に関する法律）に基づいて、保有個人情報の開示請求として、事業主が労基署に提出している死亡した労働者に関する資料の開示を請求することができる（行政機関個人情報保護法 12 条以下）。この場合、一定の条件をみたせば、当該資料が遺族に開示されることとなる。

ウ　不適切。事業主は、遺族から死亡した従業員に関する資料の開示を求められた場合においては、支障のない限り開示に応ずることが望ましい。営業秘密や第三者の個人情報を含んでいる場合には、不開示とすることや、マスキングを施して開示することが考えられる。

エ　適　切。過労死が疑われる事案においては、死亡した労働者の遺族が裁判所に証拠保全を申し立てることがある。証拠保全とは、あらかじめ証拠調べをしておかなければその証拠を使用することが困難となる事情があるときに認められる手続である（民事訴訟法 234 条）。証拠保全決定が下された場合には、決定正本等の送達後 1 ～ 2 時間後に裁判官や申立代理人（弁護士）らが事業場を訪問し、決定正本に記載されている証拠の提示を求めて写真撮影という形で証拠調べが実施されるのが通常である。

正解　ウ

問題95. 「組織犯罪対策要綱」及び「企業が反社会的勢力による被害を防止するための指針」に記載されている用語の定義に関する以下のアからエまでの記述のうち、最も適切ではないものを1つ選びなさい。

ア.「反社会的勢力」とは、暴力、威力と詐欺的手法を駆使して経済的利益を追求する集団又は個人をいう。

イ.「反社会的勢力」をとらえるに際しては、暴力団、暴力団関係企業、総会屋、社会運動標ぼうゴロ、政治活動標ぼうゴロ、特殊知能暴力集団等といった属性要件に着目するとともに、暴力的な要求行為、法的な責任を超えた不当な要求といった行為要件にも着目することが重要である。

ウ. 暴力団とは、その団体の構成員（その団体の構成団体の構成員を含む。）が集団的に又は常習的に暴力的不法行為等を行うことを助長するおそれがある団体をいう。

エ. 反社会的勢力による不当要求は、人の心に不安感や恐怖感を与えるものであるので、これに対しては、企業の倫理規程、行動規範、社内規則等に明文の根拠を設け、経営トップは関与せずに、担当者や担当部署だけに任さなければならない。

解説　　反社会的勢力との関係

ア．適　切。「反社会的勢力」とは、暴力、威力と詐欺的手法を駆使して経済的利益を追求する集団又は個人をいう。

イ．適　切。「反社会的勢力」をとらえるに際しては、暴力団、暴力団関係企業、総会屋、社会運動標ぼうゴロ、政治活動標ぼうゴロ、特殊知能暴力集団等といった属性要件に着目するとともに、暴力的な要求行為、法的な責任を超えた不当な要求といった行為要件にも着目することが重要である。

ウ．適　切。暴力団とは、その団体の構成員（その団体の構成団体の構成員を含む。）が集団的に又は常習的に暴力的不法行為等を行うことを助長するおそれがある団体をいう。

エ．不適切。反社会的勢力による不当要求は、人の心に不安感や恐怖感を与えるものであり、何らかの行動基準等を設けないままに担当者や担当部署だけで対応した場合、要求に応じざるを得ない状況に陥ることもあり得るため、企業の倫理規程、行動規範、社内規則等に明文の根拠を設け、担当者や担当部署だけに任せずに、代表取締役等の経営トップ以下、組織全体として対応しなければならない。

正解　エ

問題 96.「企業が反社会的勢力による被害を防止するための指針」(以下、本問
において「指針」という。)に関する以下のアからエまでの記述のう
ち、最も適切ではないものを１つ選びなさい。

ア．指針は、反社会的勢力による被害を防止するための基本的な理念や
具体的な対応を定めたものであり、法的拘束力を有するものではな
い。

イ．反社会的勢力による不当要求の手口である「接近型」とは、反社会
的勢力が、企業のミスや役員のスキャンダルを攻撃材料として公開
質問状を出したり、街宣車による街宣活動をしたりして金銭を要求
する場合や、商品の欠陥や従業員の対応の悪さを材料としてクレー
ムをつけ、金銭を要求することをいう。

ウ．反社会的勢力による被害を防止するための平素からの対応として、
取引先の審査や株主の属性判断等を行うことにより、反社会的勢力
による被害を防止するため、反社会的勢力の情報を集約したデータ
ベース（反社データベース）を構築することを挙げているが、反社
データベースは、各企業が構築するもののほかに、各業界ごとに、
反社会的勢力に関する公開情報及び各企業からの情報を集約・蓄積
し、加盟企業が情報照会を行うデータベースを構築する場合もある。

エ．反社会的勢力による被害を防止するための平素からの対応として、
反社会的勢力が取引先や株主となって、不当要求を行う場合の被害
を防止するため、契約書や取引約款に暴力団排除条項を導入すると
ともに、可能な範囲内で自社株の取引状況を確認することを挙げて
いる。

解説 企業が反社会的勢力による被害を防止するための指針

ア　適　切。指針は、反社会的勢力による被害を防止するための基本的な理念や具体的な対応を定めたものであり、法的拘束力を有しない。

イ　不適切。反社会的勢力による不当要求の手口である「接近型」とは、反社会的勢力が、機関誌の購読要求、物品の購入要求、寄付金や賛助金の要求、下請契約の要求を行うなど、「一方的なお願い」あるいは「勧誘」という形で近づいてくるものをいう。本肢の記述は、反社会的勢力による不当要求の手口のうち、「攻撃型」の説明である。

ウ　適　切。指針は、反社会的勢力による被害を防止するための平素からの対応として、取引先の審査や株主の属性判断等を行うことにより、反社会的勢力による被害を防止するため、反社会的勢力の情報を集約したデータベース（反社データベース）を構築することを挙げている。反社データベースは、各企業が構築するもののほかに、各業界ごとに、反社会的勢力に関する公開情報及び各企業からの情報を集約・蓄積し、加盟企業が情報照会を行うデータベースを構築する場合もある。

エ　適　切。指針は、反社会的勢力による被害を防止するための平素からの対応として、反社会的勢力が取引先や株主となって、不当要求を行う場合の被害を防止するため、契約書や取引約款に暴力団排除条項を導入するとともに、可能な範囲内で自社株の取引状況を確認することを挙げている。

正解　イ

問題 97. 政府による「企業が反社会的勢力による被害を防止するための指針による解説」に示されている反社会的勢力の個人情報の取扱いに関する以下のアからエまでの記述のうち、最も<u>適切な</u>ものを１つ選びなさい。

ア．事業者が、他の目的により取得した反社会的勢力の個人情報を、反社会的勢力による被害防止のために利用するためには、本人の同意を得なければならない。

イ．事業者は、反社会的勢力の個人情報を保有し、本人から保有個人データの開示を求められた場合には、本人に対し、遅滞なく開示する必要があり、本規定に例外はない。

ウ．事業者が、反社会的勢力による被害防止を目的として利用するために反社会的勢力の個人情報を直接取得する場合、利用目的を本人に通知することにより、事業者に不当要求等がなされるおそれがある等の場合は、本人に利用目的を通知または公表しなくても、個人情報保護法に違反しない。

エ．事業者が、データベース化した反社会的勢力の個人情報を、反社会的勢力による被害防止を目的として、暴力追放運動推進センター等の第三者に提供することは、本人の同意を得た場合に限り認められる。

解説　　反社会的勢力の個人情報の取扱い

ア　不適切。事業者は、他の目的により取得した反社会的勢力の個人情報を、反社会的勢力による被害防止のために利用するのであれば、本人の同意を得る必要はない。

イ　不適切。反社会的勢力の個人情報については、事業者がこれを保有していることが明らかになることにより、不当要求又は不当な行為を助長し、又は誘発するおそれがある場合、「存否が明らかになることにより、違法又は不当な行為を助長し、又は誘発するおそれがあるもの」に該当し（個人情報保護法施行令5条2号）、個人情報保護法 16 条4項により保有個人データから除外される。また、本人からの開示の求めの対象は、保有個人データであり、本肢の事業者が保有する反社会的勢力の個人情報は保有個人データに該当しないことから、当該個人情報について本人から開示を求められた場合、本人に対し開示する必要はない。

ウ　適　切。記述の通り。利用目的を本人に通知することにより、従業員に危害が加えられる、事業者に不当要求等がなされる等のおそれがある場合、「本人又は第三者の生命、身体又は財産その他の権利利益を害するおそれがある場合」及び「事業者の正当な権利又は利益を害するおそれがある場合」に該当し（個人情報保護法 18 条4項1・2号）、本人に利用目的を通知または公表する必要はない。

エ　不適切。事業者が、データベース化した反社会的勢力の個人情報を、反社会的勢力による被害防止を目的として、暴力追放運動推進センター等の第三者に提供する場合については、「人の生命、身体又は財産の保護のために必要がある場合であって、本人の同意を得ることが困難であるとき」に該当し（個人情報保護法27条1項2号）、本人の同意がなくても第三者提供を行うことができる。

正解　ウ

問題98. 製品事故のリスクマネジメントに関する以下のアからエまでの記述の
うち、最も<u>適切</u>なものを１つ選びなさい。

ア．製品に不具合がある場合に企業が生じる可能性のある損害として
は、製品回収費用や原因究明費用などの直接損害の他に、民事上、
行政上、刑事上の責任追求による損失がある。

イ．リコールによるリスクは、経済的な損害にとどまらず、レピュテー
ションリスクも大きいが、企業経営に与えるダメージは短期間です
む。

ウ．製品の安全に関する法令や強制規格に適合していれば、製品事故に
関する民事上の損害賠償責任は負わない。

エ．安全性の確保に際しては、法令等により定められた技術基準に適合
することが不可欠であり、技術基準に適合すればあらゆるリスクが
回避可能となり安全性が保証される。

解説　　製品事故のリスクマネジメント

ア　適　切。記述の通り。製品に不具合がある場合に企業が生じる可能性のある損害としては、製品回収費用や原因究明費用などの直接損害の他に、民事上、行政上、刑事上の責任追求による損失がある。

イ　不適切。リコールによるリスクは、経済的な損害にとどまらず、レピュテーションリスクも大きく、企業経営に与えるダメージは長期間にわたる。

ウ　不適切。製品の安全に関する法令や強制規格に適合していることのみをもって、製品事故に関する民事上の損害賠償責任は免れるものではない。

エ　不適切。安全性の確保に際しては、法令等により定められた技術基準に適合することが不可欠であるが、技術基準は社会的要請を常に先取りして定められるものではないため、技術基準に適合すればあらゆるリスクが回避可能となり安全性が保証されるというわけではない。

正解　ア

問題 99. 製品事故のリスクアセスメントに関するアからエまでの記述のうち、最も<u>適切ではない</u>ものを1つ選びなさい。

ア. 製品事故のリスクアセスメントは、危険源・危険状態の特定→使用条件及び合理的に予見可能な誤使用の明確化→リスクの見積もり→リスクの低減→リスクの評価、と5つの手順で実施する。

イ. 製品事故のリスクアセスメントは、製品を企画・設計する段階で、それらが製品として使用される状況を想定することで発生が予想される危険源や危険な状態を特定し、その影響の重大さを評価し、それに応じた対策を事前に設計に盛り込むことで、製品の安全性を高める活動である。

ウ. 製品事故のリスクアセスメントを導入する際には、品質マネジメントシステム及び製品の安全性に関するパフォーマンスレベルの現状認識を行い、適切な資源を投入する意思決定を行うことが経営トップに求められる。

エ. 実際に効果的・効率的にリスクアセスメントを実施するには、企画開発段階・設計段階・量産設計段階の各段階においてセーフティデザインレビューを実施し、手戻りを回避することが不可欠である。

解説　製品事故のリスクアセスメント

ア　不適切。製品事故のリスクアセスメントは、使用条件及び合理的に予見可能な誤使用の明確化→危険源・危険状態の特定→リスクの見積もり→リスクの評価→リスクの低減、と５つの手順で実施する。

イ　適　切。記述の通り。リスクアセスメントは、製品の企画開発・設計・製造の各段階から、製品が流通に置かれ、使用され、廃棄されるまでのライフサイクルにおけるプロセス全般において実施されることが重要であり、製造業者等や製品の安全性に係わる組織等は、より安全なものづくりのために出荷前までの各工程の要所で適切なリスク評価を実現するのはもちろんのこと、市場やユーザーの実態と最先端の科学的知見の動向を監視し続け、評価の見直しを適宜実施することにより、社会の期待に応えることが求められる。

ウ　適　切。記述の通り。リスクアセスメントの本格的導入に関する経営判断が必要とされる。

エ　適　切。記述の通り。セーフティデザインレビューの実施及び手戻りの回避以外にも、設計上の欠陥を防止する観点から、製造に移行する前段階までにリスクアセスメントを実施し、より安全な設計を確実なものとすることが最低限の要件となる。流通に置いた後も、市場における不具合情報を積極的に収集し、当初想定したリスクの大きさ（予想発生頻度・予想発生危害程度）と現状・今後想定されるリスク実態にギャップが生じていないか、検証し続けなければならない。

正解　ア

問題100. 消費生活用製品安全法に関する以下のアからエまでの記述のうち、
　　　　最も適切ではないものを1つ選びなさい。

ア.「消費生活用製品」とは、主として一般消費者の生活の用に供される
　　製品をいい、テレビ、こたつ、給湯器などがある。

イ. 消費生活用製品安全法では、消費生活用製品を限定列挙して規制す
　　る「ポジティブリスト方式」を採用している。

ウ. 例えば、「パソコン」を会社のオフィスで使用する場合のように消費
　　生活用製品のうち、一部がたまたま業務用として用いられた場合で
　　あっても、これら製品は消費生活用製品安全法の対象となる。

エ. 消費生活用製品の製造又は輸入の事業を行う者は、その製造又は輸
　　入に係る消費生活用製品について重大製品事故が生じたことを知っ
　　たときは、当該消費生活用製品の名称及び型式、事故の内容並びに
　　当該消費生活用製品を製造し、又は輸入した数量及び販売した数量
　　を内閣総理大臣に報告しなければならない。

解説　　消費生活用製品安全法

ア　適　切。「消費生活用製品」とは、主として一般消費者の生活の用に供される製品をいい、テレビ、こたつ、給湯器などがある。

イ　不適切。消費生活用製品安全法では、消費生活用製品そのものを限定せず、別表において消費生活用製品から除外される製品を限定列挙する「ネガティブリスト方式」を採用している。

ウ　適　切。例えば、「パソコン」を会社のオフィスで使用する場合のように消費生活用製品のうち、一部がたまたま業務用として用いられた場合であっても、これら製品は消費生活用製品安全法の対象となる。

エ　適　切。消費生活用製品の製造又は輸入の事業を行う者は、その製造又は輸入に係る消費生活用製品について重大製品事故が生じたことを知ったときは、当該消費生活用製品の名称及び型式、事故の内容並びに当該消費生活用製品を製造し、又は輸入した数量及び販売した数量を内閣総理大臣に報告しなければならない（35条1項）。

正解　イ

問題101. リコールに関する以下のアからエまでの記述のうち、最も<u>適切では</u><u>ない</u>ものを1つ選びなさい。

ア. 製造事業者又は輸入事業者は、製品の設計・製造・加工・組立や輸入行為等を通じて、製品事故の原因を結果的に生ぜしめるため、製品事故等の未然防止及び拡大を防止するため必要があると認める場合は、自主的にリコールを実施することが求められる。

イ. 消費生活用製品の小売販売を行う者は、重大製品事故の発生を知ったときは、その旨を該当製品の製造事業者又は輸入事業者に通知するよう努めなければならない。また、製造・輸入事業者はもちろん、小売販売事業者も製品事故情報を収集し、これを一般消費者に適切に提供するよう常に努力する必要がある。

ウ. 事故等の真相解明の観点から、緊急を要するものであっても、全ての情報を確認するのを待ってから、判明している事実関係を整理し、部門内の関係者、関連部門へ報告、法律に基づく国（消費者庁）への事故内容の報告、又は、製品事故情報収集制度等に基づく関係行政機関等への報告を行わなければならない。

エ. 被害者及び製品の所有者等の個人情報を国等に報告する場合には、被害者及び所有者等に対して、氏名等の個人情報を報告する旨の同意を得るようにしなければならない。

解説 リコール

ア　適　切。製造事業者又は輸入事業者は、製品の設計・製造・加工・組立や輸入行為等を通じて、製品事故の原因を結果的に生ぜしめるため、製品事故等の未然防止及び拡大を防止するため必要があると認める場合は、自主的にリコールを実施することが求められる。

イ　適　切。消費生活用製品の小売販売を行う者は、重大製品事故の発生を知ったときは、その旨を該当製品の製造事業者又は輸入事業者に通知するよう努めなければならない。また、製造・輸入事業者はもちろん、小売販売事業者も製品事故情報を収集し、これを一般消費者に適切に提供するよう常に努力する必要がある。

ウ　不適切。消費者の安全確保の観点から、緊急を要するものであれば、全ての情報を確認するのを待つのではなく、まず判明している事実関係を整理し、部門内の関係者、関連部門へ報告、法律に基づく国（消費者庁）への事故内容の報告、又は、製品事故情報収集制度等に基づく関係行政機関等への報告を行わなければならない。

エ　適　切。被害者及び製品の所有者等の個人情報を国等に報告する場合には、被害者及び所有者等に対して、氏名等の個人情報を報告する旨の同意を得るようにしなければならない。

正解　ウ

問題102. 電気用品安全法に関する以下のアからエまでの記述のうち、最も<u>適切ではないもの</u>を１つ選びなさい。

ア．電気用品の製造又は輸入の事業を行う者は、電気用品の区分に従い、事業開始の日から30日以内に、経済産業大臣に届け出なければならない。

イ．届出事業者は、届出に係る型式の電気用品を製造し、又は輸入する場合においては、経済産業省令で定める技術上の基準に適合するようにしなければならない。

ウ．届出事業者は、経済産業大臣に対する届出及び技術上の基準に適合した場合には、当該電気用品に経済産業省令で定める方式による表示（PSEマーク）を付することができる。

エ．電気用品の製造、輸入又は販売の事業を行う者は、PSEマークが付されているものでなくても、電気用品を販売し、又は販売の目的で陳列することができる。

解説 電気用品安全法

ア　適　切。電気用品の製造又は輸入の事業を行う者は、電気用品の区分に従い、事業開始の日から30日以内に、経済産業大臣に届け出なければならない（3条）。

イ　適　切。届出事業者は、届出に係る型式の電気用品を製造し、又は輸入する場合においては、経済産業省令で定める技術上の基準に適合するようにしなければならない（8条1項)。

ウ　適　切。届出事業者は、経済産業大臣に対する届出及び技術上の基準に適合した場合には、当該電気用品に経済産業省令で定める方式による表示（PSEマーク）を付することができる（10条1項)。

エ．不適切。電気用品の製造、輸入又は販売の事業を行う者は、PSEマークが付されているものでなければ、電気用品を販売し、又は販売の目的で陳列してはならない（27条)。

正解　エ

問題 103. 家庭用品品質表示法に関する以下のアからエまでの記述のうち、最も適切ではないものを１つ選びなさい。

ア．家庭用品品質表示法は、消費者が日常使用する家庭用品を対象に、商品の品質について事業者が表示すべき事項や表示方法を定めており、これにより消費者が商品の購入をする際に適切な情報提供を受けることができるように制定された法律である。

イ．内閣総理大臣は、家庭用品の品質に関する表示の適正化を図るため、家庭用品ごとに、成分、性能、用途などの一定の事項につき表示の標準となるべき事項を定めるものとされている。

ウ．家庭用品品質表示法に基づき一定の事項を表示する者は、製造業者、販売業者又はこれらから委託を受けた表示業者であり、これらの事業者は、表示内容についての責任の所在を明確にするために、表示者名として社名や団体名を表示しなければならないが、商標やブランド名のみの記載も認められる。

エ．輸入される家庭用品についても日本で販売される場合は本法の適用対象となり、原則として、日本語による表示がなされなければならない。

解説　　家庭用品品質表示法

ア　適　切。家庭用品品質表示法は、消費者が日常使用する家庭用品を対象に、
　　　　　　商品の品質について事業者が表示すべき事項や表示方法を定めて
　　　　　　おり、これにより消費者が商品の購入をする際に適切な情報提供
　　　　　　を受けることができるように制定された法律である。

イ　適　切。内閣総理大臣は、家庭用品の品質に関する表示の適正化を図るた
　　　　　　め、家庭用品ごとに、成分、性能、用途、貯法その他品質に関し
　　　　　　表示すべき事項など、一定の事項につき表示の標準となるべき事
　　　　　　項を定めるものとされている（3条）。

ウ　不適切。家庭用品品質表示法に基づき一定の事項を表示する者は、製造業
　　　　　　者、販売業者又はこれらから委託を受けた表示業者であり、これ
　　　　　　らの事業者は、表示内容についての責任の所在を明確にするため
　　　　　　に、表示者名として社名や団体名を表示しなければならず、商標
　　　　　　やブランド名のみの記載は認められない。

エ　適　切。輸入される家庭用品についても日本で販売される場合は本法の適
　　　　　　用対象となり、原則として、日本語による表示がなされなければ
　　　　　　ならない。

正解　ウ

問題104. 製造物責任法（PL法）に関する以下のアからエまでの記述のうち、最も適切ではないものを１つ選びなさい。

ア．製造物の欠陥により当該製造物自体にのみ損害が生じたにすぎない場合には、製造業者はPL法による賠償責任を負わない。

イ．製造物によって損害を被った消費者が損害賠償を請求するには、当該製造物をその製造業者が引き渡した時における科学又は技術に関する知見によって、当該製造物にその欠陥があることを認識することができたことを主張立証しなければならない。

ウ．「製造物」は、製造又は加工された動産をいい、機械などの工業製品だけでなく、食品も製造又は加工されたものである限り、「製造物」に含まれる。

エ．中古品であっても「製造物」に当たる場合がある。

解説　　製造物責任法（PL法）

ア　適　切。製造物の欠陥により当該製造物自体にのみ損害が生じたにすぎない場合には、製造業者はPL法による賠償責任を負わない。

イ　不適切。製造物をその製造業者が引き渡した時における科学又は技術に関する知見によっては、当該製造物にその欠陥があることを認識することができなかったことは、抗弁として製造業者が主張立証するものである（開発危険の抗弁、4条1号）。

ウ　適　切。「製造物」は、製造又は加工された動産をいい、機械などの工業製品だけでなく、食品も製造又は加工されたものである限り、「製造物」に含まれる。

エ　適　切。中古品であっても、製造又は加工された動産に該当すれば、「製造物」に当たる。

正解　イ

問題105. 食品衛生法に関する以下のアからエまでの記述のうち、最も<u>適切で</u><u>はない</u>ものを１つ選びなさい。

ア．販売（不特定又は多数の者に対する販売以外の授与を含む。）の用に
供する食品又は添加物の採取、　製造、加工、使用、調理、貯蔵、運
搬、陳列及び授受は、清潔で衛生的に行われなければならない。

イ．食品衛生法における「食品」とは、全ての飲食物をいうが、医薬
品、医薬部外品及び再生医療等製品は含まれない。

ウ．営業者は、厚生労働大臣が定めたHACCPに沿った衛生管理の基準に
従い、公衆衛生上必要な措置を定め、これを遵守しなければならな
い。

エ．HACCPとは、食中毒菌汚染や異物混入等の危害要因を把握した上
で、原材料の入荷から製品の出荷に至る全工程の中で、それらの危
害要因を除去又は低減させるために特に重要な工程を管理し、製品
の安全性を確保しようとする衛生管理の手法であるが、国際的には
認められていない。

解説　食品衛生法

ア　適　切。販売（不特定又は多数の者に対する販売以外の授与を含む。）の
　　　　　　用に供する食品又は添加物の採取、製造、加工、使用、調理、貯
　　　　　　蔵、運搬、陳列及び授受は、清潔で衛生的に行われなければなら
　　　　　　ない（5条1項）。

イ　適　切。食品衛生法における「食品」とは、全ての飲食物をいうが、医薬
　　　　　　品、医薬部外品及び再生医療等製品は含まれない（4条1項）。

ウ　適　切。営業者は、厚生労働大臣が定めたHACCPに沿った衛生管理の基
　　　　　　準に従い、公衆衛生上必要な措置を定め、これを遵守しなければ
　　　　　　ならない（51条2項）。

エ　不適切。HACCPとは、食中毒菌汚染や異物混入等の危害要因を把握した
　　　　　　上で、原材料の入荷から製品の出荷に至る全工程の中で、それら
　　　　　　の危害要因を除去又は低減させるために特に重要な工程を管理
　　　　　　し、製品の安全性を確保しようとする衛生管理の手法であるが、
　　　　　　国際的には認められたものである。

正解　エ

問題106. 知的財産権に関する以下のアからエまでの記述のうち、最も<u>適切で
はないもの</u>を１つ選びなさい。

ア. 知的財産基本法における「知的財産」とは、発明、考案、植物の新
品種、意匠、著作物その他の人間の創造的活動により生み出される
もの（発見又は解明がされた自然の法則又は現象であって、産業上
の利用可能性があるものを含む。）、商標、商号その他事業活動に用
いられる商品又は役務を表示するもの及び営業秘密その他の事業活
動に有用な技術上又は営業上の情報をいう。

イ. 知的財産に関するリスクとしては、自社が他人の知的財産権を侵害
するリスクと自社の知的財産権が他人によって侵害されるリスクが
考えられる。

ウ. 他人が自社の知的財産権を侵害した場合、差止請求が認められる
し、他人に過失があれば損害賠償請求も認められる。

エ. 特許権、実用新案権、意匠権、商標権及び著作権は、特許庁が所管
しており、「産業財産権」と呼ばれている。

解説　知的財産権

ア　適　切。知的財産基本法における「知的財産」とは、発明、考案、植物の
　　　　　新品種、意匠、著作物その他の人間の創造的活動により生み出さ
　　　　　れるもの（発見又は解明がされた自然の法則又は現象であって、
　　　　　産業上の利用可能性があるものを含む。）、商標、商号その他事業
　　　　　活動に用いられる商品又は役務を表示するもの及び営業秘密その
　　　　　他の事業活動に有用な技術上又は営業上の情報をいう（知的財産
　　　　　基本法2条）。

イ　適　切。知的財産に関するリスクとしては、自社が他人の知的財産権を侵
　　　　　害するリスクと自社の知的財産権が他人によって侵害されるリス
　　　　　クが考えられる。

ウ　適　切。他人が自社の知的財産権を侵害した場合、差止請求が認められる
　　　　　し、他人に過失があれば損害賠償請求も認められる。

エ　不適切。特許権、実用新案権、意匠権、商標権は、特許庁が所管してお
　　　　　り、「産業財産権」と呼ばれているが、著作権は、文化庁が所管
　　　　　しており、これには含まれない。

正解　エ

問題107. 特許法に関する以下のアからエまでの記述のうち、最も<u>適切ではな</u>
<u>い</u>ものを１つ選びなさい。

ア．特許法における「発明」とは、自然法則を利用した技術的思想の創
作のうち高度のものをいう。

イ．特許権者は、特許権の対象となる発明の実施（生産、使用、販売
等）を独占できるが、他社に実施権（ライセンス）を設定すること
はできない。

ウ．特許を受けることができる発明は、産業上利用できるものでなけれ
ばならない。

エ．発明をもって特許庁に出願すると、出願された発明について、出願
様式に対する方式審査と特許審査官による新規性・進歩性等の実体
審査が行われる。

解説 特許法

ア 適 切。特許法における「発明」とは、自然法則を利用した技術的思想の創作のうち高度のものをいう（2条1項）。

イ 不適切。特許権者は、特許権の対象となる発明の実施（生産、使用、販売等）を独占できるし、他社に実施権（ライセンス）を設定することもできる。

ウ 適 切。特許を受けることができる発明は、産業上利用できるものでなければならない（29条1項）。

エ 適 切。発明をもって特許庁に出願すると、出願された発明について、出願様式に対する方式審査と特許審査官による新規性・進歩性等の実体審査が行われる。

正解 イ

問題 108. 特許法に関する以下のアからエまでの記述のうち、最も<u>適切ではないもの</u>を1つ選びなさい。

ア. 特許法上の「発明」とは、自然法則を利用した技術的思想の創作のうち高度のものをいう。

イ. 共有特許権の特許権者は、他の共有者の同意を得なければ、その特許権について専用実施権を設定することはできないが、他人に通常実施権を許諾することについては、他の共有者の同意を得る必要はない。

ウ. 故意又は過失により特許権を侵害したことにより特許権者の業務上の信用を害した者に対しては、裁判所は、特許権者の請求により、損害の賠償に代え、又は損害の賠償とともに、特許権者の業務上の信用を回復するのに必要な措置を命ずることができる。

エ. 特許出願に係る発明の内容を知らないで自らその発明をして、特許出願の際に、現に日本国内においてその発明の実施である事業をしている者は、その実施をしている発明及び事業の目的の範囲内において、その特許出願に係る特許権について通常実施権を有する。

解説　　特許法

ア　適　切。特許法上の「発明」とは、自然法則を利用した技術的思想の創作
　　　　　　のうち高度のものをいう（2条1項）。

イ　不適切。共有特許権の特許権者は、他の共有者の同意を得なければ、その
　　　　　　特許権について専用実施権を設定し、又は他人に通常実施権を許
　　　　　　諾することができない（73条3項）。

ウ　適　切。故意又は過失により特許権又は専用実施権を侵害したことにより
　　　　　　特許権者又は専用実施権者の業務上の信用を害した者に対しては、
　　　　　　裁判所は、特許権者又は専用実施権者の請求により、損害の賠償
　　　　　　に代え、又は損害の賠償とともに、特許権者又は専用実施権者の
　　　　　　業務上の信用を回復するのに必要な措置を命ずることができる
　　　　　　（信用回復の措置、106条）。

エ　適　切。特許出願に係る発明の内容を知らないで自らその発明をし、又は
　　　　　　特許出願に係る発明の内容を知らないでその発明をした者から知
　　　　　　得して、特許出願の際現に日本国内においてその発明の実施であ
　　　　　　る事業をしている者又はその事業の準備をしている者は、その実
　　　　　　施又は準備をしている発明及び事業の目的の範囲内において、そ
　　　　　　の特許出願に係る特許権について通常実施権を有する（先使用に
　　　　　　よる通常実施権、79条）。

正解　イ

問題109. 実用新案法に関する以下のアからエまでの記述のうち、最も<u>適切で</u><u>はない</u>ものを1つ選びなさい。

ア. 実用新案登録を受けることができるのは、産業上利用することができる考案であって物品の形状、構造又は組合せに係るものである。

イ. 物品の製造方法のような「方法」に係る技術的思想の創作は、実用新案登録を受けることができない。

ウ. 考案をもって特許庁に出願すると、出願された考案について、出願様式に対する方式審査と審査官による新規性・進歩性等の実体審査が行われる。

エ. 実用新案には、特許における出願公開のような制度はない。

解説　実用新案法

ア．適　切。実用新案登録を受けることができるのは、産業上利用することが
できる考案であって物品の形状、構造又は組合せに係るものであ
る（3条1項）。

イ．適　切。物品の製造方法のような「方法」に係る技術的思想の創作は、実
用新案登録を受けることができない。

ウ．不適切。考案をもって特許庁に出願すると、出願された考案について、審
査官による新規性・進歩性等の実体審査を経ずに設定登録が行わ
れる。

エ．適　切。実用新案には、特許における出願公開のような制度はない。

正解　ウ

問題110. 意匠法に関する以下のアからエまでの記述のうち、最も<u>適切ではな</u><u>い</u>ものを１つ選びなさい。

ア.「登録意匠」とは、意匠登録を受けている意匠をいうが、登録意匠には、特許における出願公開のような制度はない。

イ. 意匠権は、意匠登録出願の日から20年の存続期間の満了によって終了する。

ウ. 意匠登録出願人は、意匠権の設定の登録の日から３年以内の期間を指定して、その期間その意匠を秘密にすることを請求することができる。

エ. 登録意匠でなくても、不正競争を禁止するために不正競争防止法によって意匠が保護される場合がある。

解説　意匠法

ア　適　切。「登録意匠」とは、意匠登録を受けている意匠をいうが、登録意匠には、特許における出願公開のような制度はない。

イ　不適切。意匠権は、意匠登録出願の日から25年の存続期間の満了によって終了する（21条）。

ウ　適　切。意匠登録出願人は、意匠権の設定の登録の日から3年以内の期間を指定して、その期間その意匠を秘密にすることを請求することができる（秘密意匠、14条1項）。

エ　適　切。登録意匠でなくても、不正競争の禁止として不正競争防止法によって意匠が保護される場合がある。

正解　イ

問題111. 商標法に関する以下のアからエまでの記述のうち、最も<u>適切ではないもの</u>を１つ選びなさい。

ア. 商標法は、商標を保護することにより、商標の使用をする者の業務上の信用の維持を図ることで、産業の発達に寄与し、あわせて需要者の利益を保護することを目的とする法律である。

イ.「商標」とは、人の知覚によって認識することができるもののうち、文字、図形、記号、立体的形状若しくは色彩又はこれらの結合、音等の標章が、標章を使用する商品又はサービスと組み合わさったものでなければならない。

ウ. 商標登録を受けるためには、自己の業務に係る商品又はサービスについて使用するものであれば名称を問わない。たとえば、商品のサニーレタスについてサニーレタスという通常用いられる普通名称であっても、商標登録を受けることができる。

エ. 自社の商標が他人の商標権を侵害するリスクを予防するためには、自社の商標が他人の登録商標と類似しているかどうかを調査することが必要であり、調査方法としては、特許情報プラットフォームで商標を検索・閲覧する方法がある。

解説　　商標法

ア　適　切。商標法は、商標を保護することにより、商標の使用をする者の業務上の信用の維持を図ることで、産業の発達に寄与し、あわせて需要者の利益を保護することを目的とする法律である（1条）。

イ　適　切。「商標」とは、人の知覚によって認識することができるもののうち、文字、図形、記号、立体的形状若しくは色彩又はこれらの結合、音等の標章が、標章を使用する商品又はサービスと組み合わさったものでなければならない。

ウ　不適切。商標登録を受けるためには、自己の業務に係る商品又はサービスについて使用するものであれば名称を問わないわけではなく、たとえば、商品のサニーレタスについてサニーレタスという通常用いられる普通名称の場合は、商標登録を受けることができない（3条2項1号）。

エ　適　切。自社の商標が他人の商標権を侵害するリスクを予防するためには、自社の商標が他人の登録商標と類似しているかどうかを調査することが必要であり、調査方法としては、特許情報プラットフォームで商標を検索・閲覧する方法がある。

正解　ウ

問題112. 著作権法に関する以下のアからエまでの記述のうち、最も<u>適切では</u><u>ない</u>ものを1つ選びなさい。

ア. 著作権には、著作者人格権と著作財産権があり、著作者人格権は著作者の一身に専属し、譲渡することができない。

イ. 著作物は、表現したものに限らないので、アイデアも著作物に該当する。

ウ. 著作物の公衆への提供若しくは提示の際に、その氏名若しくは名称（実名）又はその雅号、筆名、略称その他実名に代えて用いられるもの（変名）として周知のものが著作者名として通常の方法により表示されている者は、その著作物の著作者と推定する。

エ. 法人の発意に基づきその法人の業務に従事する者が職務上作成する著作物で、その法人が自己の著作の名義の下に公表するものの著作者は、その作成の時における契約、勤務規則その他に別段の定めがない限り、その法人となる。

解説　著作権法

ア　適　切。著作権には、著作者人格権と著作財産権があり、著作者人格権は著作者の一心に専属し、譲渡することができない（59条）。

イ　不適切。著作物は、表現したものでなければならないので、アイデアは著作物に該当しない。

ウ　適　切。著作物の公衆への提供若しくは提示の際に、その氏名若しくは名称（実名）又はその雅号、筆名、略称その他実名に代えて用いられるもの（変名）として周知のものが著作者名として通常の方法により表示されている者は、その著作物の著作者と推定する（14条）。

エ　適　切。法人の発意に基づきその法人の業務に従事する者が職務上作成する著作物で、その法人が自己の著作の名義の下に公表するものの著作者は、その作成の時における契約、勤務規則その他に別段の定めがない限り、その法人となる（15条1項）。

正解　イ

問題113. 著作権法に関する以下のアからエまでの記述のうち、最も<u>適切では</u><u>ない</u>ものを１つ選びなさい。

ア. 著作物を個人的に又は家庭内において使用することを目的として複製することは著作権法に違反しない。

イ. 図書館において、利用者の求めに応じ、その調査研究の用に供するために、公表された著作物の一部分の複製物を１人につき一部提供する場合には、その営利を目的としない事業として、図書館資料を用いて著作物を複製することができる。

ウ. 公表された著作物は、引用して利用することができるが、その引用は、公正な慣行に合致するもの、又は、報道、批評、研究その他の引用の目的上正当な範囲内で行なわれるものでなければならない。

エ. 公表された著作物は、営利を目的とせず、かつ、聴衆又は観衆から料金を受けない場合には、公に上演し、演奏し、上映し、又は口述することができる。

解説　著作権法

ア　適　切。著作物を個人的に又は家庭内において使用することを目的として複製することは著作権法に違反しない（30条1項）。

イ　適　切。図書館において、利用者の求めに応じ、その調査研究の用に供するために、公表された著作物の一部分の複製物を1人につき一部提供する場合には、その営利を目的としない事業として、図書館資料を用いて著作物を複製することができる（31条1項）。

ウ　不適切。公表された著作物は、引用して利用することができるが、その引用は、公正な慣行に合致するものであり、かつ、報道、批評、研究その他の引用の目的上正当な範囲内で行なわれるものでなければならない（32条1項）。

エ　適　切。公表された著作物は、営利を目的とせず、かつ、聴衆又は観衆から料金を受けない場合には、公に上演し、演奏し、上映し、又は口述することができる（38条1項）。

正解　ウ

第6課題　自然災害と危機管理

問題114. 内閣府「事業継続ガイドライン」において使用されている用語に関する以下のアからエまでの記述のうち、最も適切ではないものを1つ選びなさい。

ア．ブラックアウトとは、企業・組織と関係者の間で双方向の情報交換ができない状態をいう。

イ．利害関係者とは、企業・組織のパフォーマンスに関心を持つ又は影響を受ける個人、団体等を指す。「ステークホルダ」と呼ばれることもあるが、取引先はこれに含まれない。

ウ．ボトルネックとは、本来の意味は、瓶の首の細くなったところをいい、事業の継続や業務復旧の際にその要素がないと全体の進行が立ちゆかなくなってしまうことをいう。

エ．バックアップオフィスとは、メインオフィスが大地震等の自然災害やテロ等により使用不能となった場合に備えてあらかじめ確保したオフィスのことをいう。事業継続に必要な要員を収容し、業務に必要な設備や機能を備えている。

解説　　事業継続

ア　適　切。ブラックアウトとは、企業・組織と関係者の間で双方向の情報交換ができない状態をいう。

イ　不適切。利害関係者とは、企業・組織のパフォーマンスに関心を持つ又は影響を受ける個人、団体等を指す。「ステークホルダ」と呼ばれることもあるが、取引先はこれに含まれる。

ウ　適　切。ボトルネックとは、本来の意味は、瓶の首の細くなったところをいい、事業の継続や業務復旧の際にその要素がないと全体の進行が立ちゆかなくなってしまうことをいう。

エ　適　切。バックアップオフィスとは、メインオフィスが大地震等の自然災害やテロ等により使用不能となった場合に備えてあらかじめ確保したオフィスのことをいう。事業継続に必要な要員を収容し、業務に必要な設備や機能を備えている。

正解　イ

問題115. 内閣府「事業継続ガイドライン」において使用されている用語に関する以下のアからエまでの記述のうち、最も適切ではないものを1つ選びなさい。

ア．サプライチェーンとは、供給者から消費者までを結ぶ、開発・調達・製造・配送・販売の一連の業務のつながりのことをいう。

イ．ブラックアウトとは、企業・組織と関係者の間で双方向の情報交換ができない状態をいう。

ウ．ハザードマップとは、被害予測図のことをいい、主な項目として火山噴火、土砂災害や浸水の危険区域、あるいは地震時の避難地、避難路などが挙げられる。

エ．発生事象（インシデント）とは、自然災害や感染症防止策等による総需要の減少で企業が倒産危機に面していることである。

解説　　事業継続

ア　適　切。記述の通り。取引先との間の受発注、資材・部品の調達、在庫、生産、製品の配達などを統合的に管理、効率化し、企業収益を高めようとする管理手法を「サプライチェーン・マネジメント」という。

イ　適　切。記述の通り。災害発生後は、取引先、消費者、従業員、株主、市民、自治体などと情報を共有することが重要である。企業活動が関係者から見えなくなる、何をしているのか全然わからないといったブラックアウトを防ぐための対策を講じる必要があるため、関係者との事前の協議が重要となる。

ウ　適　切。記述の通り。地域や都市の状況に合わせ、危険情報を公開・掲載する取組が地方公共団体で進んでいる。わが国で想定される災害には、地震のほかに台風等の豪雨（河川氾濫等）、高潮、津波災害なども考えられ、自治体からハザードマップが発表されている場合は、それらを参考に事業継続対策を講ずることが推奨される。

エ　不適切。発生事象（インシデント）とは、企業・組織の事業（特に製品・サービス供給）の中断をもたらす可能性がある自然災害、感染症のまん延（パンデミック）、テロ、ストライキ等の事件、機械故障、大事故、サプライチェーンの供給途絶などの発生事象（インシデント）を指す。

正解　エ

問題116. BCM（事業継続マネジメント）の必要性に関する以下のアからエまでの記述のうち、最も<u>適切ではない</u>ものを1つ選びなさい。

ア．企業・組織は、利害関係者のニーズと期待を十分に認識し、BCM を積極的に経営戦略に反映すべきである。

イ．近年、企業・組織は、原材料の供給、部品の生産、組立、輸送、販売などに携わる企業・組織のどれかが被災すると、サプライチェーン全体が止まることから、今後は分業化及び外注化から事業の内製化への移行を進めるべきである。

ウ．平成 25 年度の災害対策基本法改正では、災害時においても事業活動を継続的に実施する事業者の責務についての規定が追加された。

エ．BCM に取り組むことには、平常時の企業競争力の強化といったメリットもある。

解説　BCM（事業継続マネジメント）

ア　適　切。企業・組織は、様々な危機的な発生事象（インシデント）に直面しても、取引先をはじめ、社内外の利害関係者から、重要な事業の継続または早期の復旧を望まれている。したがって、このような利害関係者のニーズと期待を十分に認識し、BCM を積極的に経営戦略に反映すべきである。

イ　不適切。「内製化への移行を進めるべき」という論はBCMの必要性とは関係がない。現代の企業では、分業化及び外注化は避けられない。ゆえにサプライチェーンの途絶を避けるために BCM の必要性が一層高まっている。

ウ　適　切。平成 25 年度の災害対策基本法改正では、事業者の責務として、「災害応急対策又は災害復旧に必要な物資若しくは資材又は役務の供給又は提供を業とする者は、基本理念にのつとり、災害時においてもこれらの事業活動を継続的に実施するとともに、当該事業活動に関し、国又は地方公共団体が実施する防災に関する施策に協力するように努めなければならない。」とする規定が追加された（災害対策基本法 7 条 2 項）。

エ　適　切。BCM に取り組むことによって、緊急時にも製品・サービスなどの供給が期待できることから、取引先から評価され、新たな顧客の獲得や取引拡大につながり、投資家からの信頼性が向上するなど、平常時の企業競争力の強化といったメリットもある。

正解　イ

問題117. 内閣府「事業継続ガイドライン」において事業継続の概要に関する
以下のアからエまでの記述のうち、最も<u>適切ではない</u>ものを１つ選
びなさい。

ア．大地震等の自然災害、感染症のまん延、テロ等の事件、大事故、サ
プライチェーン（供給網）の途絶、突発的な経営環境の変化など不
測の事態が発生しても、重要な事業を中断させない、又は中断して
も可能な限り短い期間で復旧させるための方針、体制、手順等を示
した計画のことを事業継続計画（BCP）と呼ぶ。

イ．BCP 策定や維持・更新、事業継続を実現するための予算・資源の確
保、事前対策の実施、取組みを浸透させるための教育・訓練の実
施、点検、継続的な改善などを行う平常時からのマネジメント活動
は、事業継続マネジメント（BCM）と呼ばれ、経営レベルの戦略的
活動として位置付けられるものである。

ウ．BCMは、多額の出費によって一定の対応が可能になるため、資金力
や人的な余裕がある大企業に導入が望まれるものである。

エ．BCMにおいては、特に①不測の事態において事業を継続する仕組
み、②社内のBCP及びBCMに関する意識の浸透、③事業継続の仕組
み及び能力を評価・改善する仕組みが重要であり、これらが不十分
である場合は、他の部分を充実させたとしてもその効果は限定的と
なる可能性が高い。

解説　事業継続

ア　適　切。大地震等の自然災害、感染症のまん延、テロ等の事件、大事故、
　　　　　　サプライチェーン（供給網）の途絶、突発的な経営環境の変化な
　　　　　　ど不測の事態が発生しても、重要な事業を中断させない、又は中
　　　　　　断しても可能な限り短い期間で復旧させるための方針、体制、手
　　　　　　順等を示した計画のことを事業継続計画（BCP）と呼ぶ。

イ　適　切。BCP 策定や維持・更新、事業継続を実現するための予算・資源
　　　　　　の確保、事前対策の実施、取組みを浸透させるための教育・訓練
　　　　　　の実施、点検、継続的な改善などを行う平常時からのマネジメン
　　　　　　ト活動は、事業継続マネジメント（BCM）と呼ばれ、経営レベ
　　　　　　ルの戦略的活動として位置付けられるものである。

ウ　不適切。BCMは、多額の出費を伴わなくても一定の対応は可能であるた
　　　　　　め、資金力や人的な余裕がない企業・組織も含め、全ての企業・
　　　　　　組織に導入が望まれる。

エ　適　切。BCM においては、特に①不測の事態において事業を継続する仕
　　　　　　組み②社内の BCP 及び BCM に関する意識の浸透③事業継続の
　　　　　　仕組み及び能力を評価・改善する仕組みが重要であり、これらが
　　　　　　不十分である場合は、他の部分を充実させたとしてもその効果は
　　　　　　限定的となる可能性が高い。

正解　ウ

問題118. BCM（事業継続マネジメント）における目標復旧に関する以下のア
からエまでの記述のうち、最も<u>適切ではない</u>ものを１つ選びなさ
い。

ア．目標復旧時間及び目標復旧レベルは、単なる目標ではなく、講じた
対策によって達成可能なものであることが必要である。

イ．危機的な発生事象により自社の事業が停止した場合に、各業務につ
いてどの水準まで復旧させるかという目標レベルを表す指標をRLOと
呼び、具体的には、それぞれの重要業務について、相当程度の低下
が許されると考えるレベルの許容限界を事業影響度の時系列分析か
ら推定した上で、レベルの許容限界を上回るように設定する。

ウ．危機的な発生事象により自社の事業が停止した場合に、各業務につ
いてどれくらいの時間で復旧させるかという目標時間を表す指標を
RTOと呼び、具体的には、それぞれの重要業務について、停止が許
されると考える時間の許容限界を事業影響度の時系列分析から推定
した上で、時間の許容限界より早く設定する。

エ．失ったデータを過去のどの時点まで復旧させるかの目標値をBIAと呼
び、この場合のデータは直近まで復旧させるのが望ましいが、相応
して対策費用が高くなる場合が多い。

解説　事業継続管理（BCM）における目標復旧

ア　適　切。目標復旧時間、目標復旧レベルは、単なる目標ではなく、講じた対策により達成可能なものでなければならない。

イ　適　切。何らかの危機的な発生事象により自社の事業が停止した場合に、影響度評価の結果を踏まえ、優先的に継続・復旧すべき重要事業を絞り込み、各業務についてどの水準まで復旧させるかという目標レベルを表す指標を、RLO（目標復旧レベル：Recovery Level Objective）と呼ぶ。具体的には、それぞれの重要業務について、相当程度の低下が許されると考えるレベルの許容限界を事業影響度の時系列分析から推定した上で、レベルの許容限界を上回るように目標復旧レベル設定することになる。

ウ　適　切。何らかの危機的な発生事象により自社の事業が停止した場合に、影響度評価の結果を踏まえ、優先的に継続・復旧すべき重要事業を絞り込み、各業務についてどれくらいの時間で復旧させるかという目標時間を表す指標を、RTO（目標復旧時間：Recovery Time Objective）と呼ぶ。具体的には、それぞれの重要業務について、停止が許されると考える時間の許容限界を事業影響度の時系列分析から推定した上で、時間の許容限界より早く目標復旧時間を設定することになる。

エ　不適切。失ったデータを過去のどの時点まで復旧させるか（例えば、1週間前のデータまで、1日前のデータまでなど）の目標値を、RPO（目標復旧時点：Recovery Point Objective）と呼ぶ。データは直近まで復旧させるのがもちろん望ましいが、相応して対策費用が高くなる場合が多い。BIAは、事業影響度分析（Business Impact Analysis）のことである。

正解　エ

問題119. 内閣府「事業継続ガイドライン」において事業影響度分析に関する以下のアからエまでの記述のうち、最も<u>適切ではない</u>ものを１つ選びなさい。

ア．企業は、何らかの危機的な発生事象が生じた場合は、まず原因を明らかにすることが優先であり、自社の各事業が停止した場合のその影響の大きさ及びその変化を評価することは原因を明らかにした後に行うべきである。

イ．企業は、影響度評価の結果を踏まえ、優先的に継続・復旧すべき重要事業を絞り込み、さらに、この重要な事業に必要な各業務（重要業務）について、どれくらいの時間で復旧させるかを「目標復旧時間」（RTO）として、どの水準まで復旧させるかを「目標復旧レベル」（RLO)として決定し、また、重要業務間に優先順位を付けなければならない。

ウ．事業影響度分析において、定量化が難しいものは、経営に与える影響の大小などで定性的に評価することができる。

エ．事業影響度分析に時間をかけ過ぎると、その間に外部・内部の事業環境が変化し、作業が無意味になる可能性があることにも留意が必要である。

解説　　事業継続

ア　不適切。企業は、何らかの危機的な発生事象が生じた場合は、その原因に
　　　　　関わらず、自社の各事業が停止した場合に、その影響の大きさ及
　　　　　びその変化を時系列で評価する。これは、顧客や取引先の経営判
　　　　　断においては、「事業が停止するか否か」が重要であり、停止の
　　　　　原因は実際にはそれほど重要ではない場合が多いためである。

イ　適　切。企業は、影響度評価の結果を踏まえ、優先的に継続・復旧すべき
　　　　　重要事業を絞り込み、さらに、この重要な事業に必要な各業務
　　　　　（重要業務）について、どれくらいの時間で復旧させるかを「目
　　　　　標復旧時間」（RTO）として、どの水準まで復旧させるかを「目
　　　　　標復旧レベル」（RLO)として決定し、また、重要業務間に優先順
　　　　　位を付けなければならない。

ウ　適　切。事業影響度分析において、定量化が難しいものは、経営に与える
　　　　　影響の大小などで定性的に評価することができる。

エ　適　切。事業影響度分析に時間をかけ過ぎると、その間に外部・内部の事
　　　　　業環境が変化し、作業が無意味になる可能性があることにも留意
　　　　　が必要である。

正解　ア

問題120. 内閣府「事業継続ガイドライン」において事業継続計画（BCP）の策定に関する以下のアからエまでの記述のうち、最も<u>適切ではない</u>ものを１つ選びなさい。

ア．BCPにおいては、特定の発生事象による被害想定を前提にするものの、被害の様相が異なっても可能な限り柔軟さも持つように策定することが推奨される。

イ．企業・組織は、不測の事態に対応するべく、事業継続のための緊急的な体制を定め、関係者の役割・責任、指揮命令系統を明確に定め、また、その責任者は、監査役など、経営者とは異なる者が担う必要がある。

ウ．自社の事業継続を実現するには、経営者、その他の役員、従業員が、BCMにおける各役割に応じて、一定の能力・力量を持つことが必要であるため、これらを獲得できるよう、教育・訓練を行うことが求められる。その体系的かつ着実な実施のため、「教育・訓練の実施計画」を策定する必要がある。

エ．企業・組織全体としてBCMを進めている場合、必要に応じ、部門や拠点別、役割別にも計画書として文書に落とし込むことが重要であり、実際の作業を円滑にするために、マニュアル、チェックリスト等も必要に応じて作成する必要がある。

解説　　事業継続計画（BCP）

ア　適　切。BCPにおいては、特定の発生事象による被害想定を前提にするものの、被害の様相が異なっても可能な限り柔軟さも持つように策定することが推奨される

イ　不適切。企業・組織は、不測の事態に対応するべく、事業継続のための緊急的な体制を定め、関係者の役割・責任、指揮命令系統を明確に定め、また、その責任者は、経営者が担う必要がある。

ウ　適　切。自社の事業継続を実現するには、経営者、その他の役員、従業員が、BCMにおける各役割に応じて、一定の能力・力量を持つことが必要であるため、これらを獲得できるよう、教育・訓練を行うことが求められる。その体系的かつ着実な実施のため、「教育・訓練の実施計画」を策定する必要がある。

エ　適　切。企業・組織全体としてBCMを進めている場合、必要に応じ、部門や拠点別、役割別にも計画書として文書に落とし込むことが重要であり、実際の作業を円滑にするために、マニュアル、チェックリスト等も必要に応じて作成する必要がある。

正解　イ

【危機管理検定】

企業危機・コンプライアンス管理士認定試験公式精選問題集

2024年4月23日　初版第1刷発行

編　者　一般財団法人 全日本情報学習振興協会

発行者　牧野 常夫

発行所　一般財団法人 全日本情報学習振興協会
　　　　〒101-0061　東京都千代田区神田三崎町3-7-12
　　　　　　　　　　　　　　　　　　清話会ビル5F
　　　　　　　　　TEL：03-5276-6665

販売元　株式会社 マイナビ出版
　　　　〒101-0003　東京都千代田区一ツ橋2-6-3
　　　　　　　　　　　　　　　一ツ橋ビル2F
　　　　TEL：0480-38-6872（注文専用ダイヤル）
　　　　　　03-3556-2731（販売部）
　　　　URL：http://book.mynavi.jp

印刷・製本　日本ハイコム株式会社

※本書のコピー、スキャン、電子データ化等の無断複製は、著作権法上での例外を除き、禁じられております。
※乱丁・落丁のお問い合わせ
　TEL：0480-38-6872（注文専用ダイヤル）
　電子メール：sas@mynavi.jp

©2024　一般財団法人 全日本情報学習振興協会
ISBNコード　978-4-8399-8678-0　C2034
Printed in Japan